Valras, la plage.

Hérault
AVEYRON
Le Caylar
Avène
Lodève
P.N.R. du Haut-Languedoc
Bédarieux
La Salvetat-sur-Agout
Lamalou-les-Bains
Olargues
Faugères
Laurens
Gabian
Roquebrun
Saint-Pons-de-Thomières
Autignac
Saint-Geniès-de-Fontedit
Puissalicon
Coulobres
Espondeilhen
Puimisson
Bassan
Servian
Saint-Chinian
Cébazan
Cazouls-lès-Béziers
Corneilhan
Lieuran-lès-Béziers
Creissan
Lignan-sur-Orb
Minerve
Cruzy
Quarante
Maureilhan
BÉZIERS
Villeneuve-lès-Béziers
Colombiers
Siran
Sauvian
Nissan-lez-Enserune
Sérignan
Vendres
Valras-Plage
AUDE

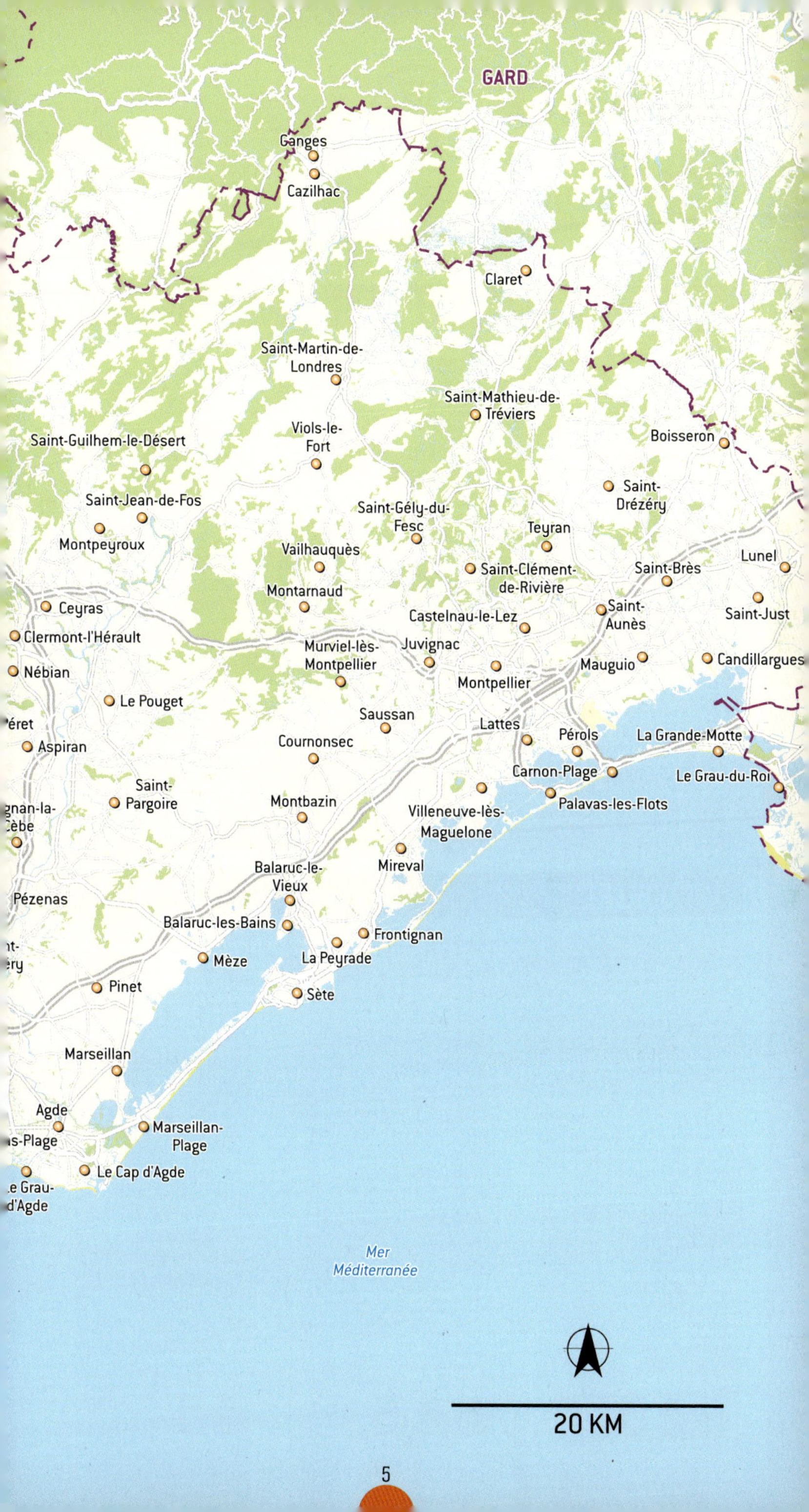
GARD
Ganges
Cazilhac
Claret
Saint-Martin-de-Londres
Saint-Mathieu-de-Tréviers
Boisseron
Saint-Guilhem-le-Désert
Viols-le-Fort
Saint-Drézéry
Saint-Jean-de-Fos
Saint-Gély-du-Fesc
Teyran
Montpeyroux
Vailhauquès
Lunel
Saint-Clément-de-Rivière
Saint-Brès
Montarnaud
Ceyras
Saint-Aunès
Saint-Just
Castelnau-le-Lez
Clermont-l'Hérault
Murviel-lès-Montpellier
Juvignac
Mauguio
Candillargues
Nébian
Montpellier
Le Pouget
Saussan
Lattes
Pérols
La Grande-Motte
Aspiran
Cournonsec
Carnon-Plage
Le Grau-du-Roi
Saint-Pargoire
Palavas-les-Flots
Montbazin
Villeneuve-lès-Maguelone
Mireval
Balaruc-le-Vieux
Pézenas
Balaruc-les-Bains
Frontignan
Mèze
La Peyrade
Sète
Pinet
Marseillan
Agde
Marseillan-Plage
Le Cap d'Agde
Mer Méditerranée
20 KM

QUAND Y ALLER

JANVIER

2° / 11°

LES NOCTURNES DES HALLES
(BÉZIERS)
C'est le rendez-vous gourmand incontournable des Biterrois qui se réunissent aux Halles dans une ambiance conviviale, les premiers jeudis de chaque mois.

FÊTE DE LA TRUFFE
(BÉZIERS)
Le rendez-vous incontournable des gourmets, amateurs, restaurateurs et trufficulteurs venus célébrer les saveurs du diamant noir.

$

FÉVRIER

3° / 13°

LES RENDEZ-VOUS DE RIQUET
(BÉZIERS)
Un rendez-vous mensuel avec la culture, au foyer du Théâtre Municipal, autour de conférences, rencontres et apéro-débats.

$

MARS

5° / 15°

FESTIVAL FLAMENCO
(BÉZIERS)
De la danse, *El Toque*, des robes volantées, le bal sévillan, une ambiance colorée pour ce festival consacré à la culture flamenca.

$

JUILLET

18° / 29°

JAZZ SOUS LES ÉTOILES
(SÉRIGNAN)
Vivez des moments hors du temps, dans l'exceptionnel site naturel des Orpellières, pour des concerts de jazz sous les étoiles.

LES JEUDIS DE BÉZIERS
(BÉZIERS)
Tous les jeudis soir d'été, vignerons, restaurateurs locaux et musiciens investissent les Allées Paul Riquet pour un moment festif et gourmand.

$ $ $

AOÛT

18° / 28°

FERIA DE BÉZIERS
(BÉZIERS)
Tous les ans, le 15 août, Béziers revêt son costume de fête et plonge dans les animations colorées de la traditionnelle feria.

LES MARDIS DE VALRAS
(VALRAS-PLAGE)
Tous les mardis, vignerons et restaurateurs locaux vous font découvrir leurs produits dans une ambiance musicale !

$ $ $

SEPTEMBRE

14° / 25°

LES JOURNEES DU PATRIMOINE
(BÉZIERS)
Rendez-vous très attendu, dans toutes les communes de Béziers Méditerranée, pour découvrir des lieux inaccessibles tout le reste de l'année.

L'ÉTÉ INDIEN DES ORPELLIÈRES
(SÉRIGNAN)
Un programme d'animations, concerts, ateliers dans le cadre extraordinaire des Orpellières, au bord de la mer.

$ $

Béziers Méditerranée est rythmée par de nombreux événements qui fleurissent tout au long de l'année pour le plus grand plaisir des gens d'ici, festifs dans l'âme, et des touristes qui se familiarisent avec les coutumes locales et vibrent en toute saison aux quatre coins du territoire. Des rendez-vous culturels incontournables aux rencontres sportives en passant par les fêtes traditionnelles, chacun trouvera à se réjouir de cette programmation sous le climat méditerranéen.

AVRIL

8° / 18°

FÊTE DE LA SAINT-APHRODISE
(BÉZIERS)
Vivez un moment convivial et traditionnel, autour des festivités en l'honneur du saint patron de la ville, saint Aphrodise.

$ $

MAI

12° / 21°

FESTIVAL DE LA BANDE-DESSINÉE
(SÉRIGNAN)
Le rendez-vous annuel des amoureux des bulles et de leurs univers fantastiques, poétiques, réalistes, pour petits et grands.

$ $

JUIN

15° / 25°

FÊTE DE LA SAINT-PIERRE
(VALRAS-PLAGE)

© OFFICE DE TOURISME BÉZIERS MÉDITERRANÉE

Une fête de tradition qui rend hommage aux pêcheurs et aux marins via Saint Pierre, leur saint patron. Entre animations profanes et processions religieuses.

$ $

OCTOBRE

10° / 20°

LES CONCERTS-SANDWICHES AU THÉÂTRE
(BÉZIERS)
On amène son déjeuner dans le foyer du théâtre municipal et on écoute un concert de musique, de chant, voire les 2. Tous les mois jusqu'en juin.

BÉZIERS URBAN TRAIL
(BÉZIERS)
Une balade sportive, touristique et familiale pour découvrir de façon originale et ludique le patrimoine de la ville de Béziers.

$

NOVEMBRE

6° / 15°

FESTIVAL GRANDS YEUX P'TITES OREILLES
(BÉZIERS)
Dans toutes les médiathèques de l'agglo des spectacles, des contes, des jeux, pour enchanter les « plus petites oreilles ».

VISITES GUIDEES
(BÉZIERS)
Durant les vacances de Toussaint aussi, on suit le guide... pour des visites épatantes, décalées, enrichissantes.

$

DÉCEMBRE

3° / 12°

LA COURSE DE NOËL
(BÉZIERS)
Parcourez les rues de Béziers pour profiter, en famille, des illuminations de la cité et de la magie de Noël qui s'installe.

FOIRE AU GRAS DE SÉRIGNAN
(SÉRIGNAN)
Cette fête est l'occasion de célébrer la « slow food » et les traditions culinaires de saison, autour des producteurs de la région.

$

LES BONNES RAISONS D'Y ALLER

© KARINE GRÉGOIRE

27 SIÈCLES D'HISTOIRE

Ville d'Art et d'Histoire, Béziers raconte son riche passé à chaque coin de rue.

LE BELVÉDÈRE DES ORPELLIÈRES

Pour embrasser l'ensemble du territoire d'un seul coup d'œil.

© KARINEGREGOIRE

© GILLES DESCHAMPS

HUÎTRES ET VIN BLANC

Déguster la Méditerranée chez les écaillers à Valras-Plage.

© KARINE GRÉGOIRE

PRODUITS DU TERROIR

Faire un tour dans les Halles de Béziers, Valras-Plage, Sérignan, par plaisir et par gourmandise.

© KARINE GRÉGOIRE

CÔTÉ NATURE

S'offrir une balade en canoë sur l'Orb, entre Sérignan et la Méditerranée.

© KARINE GRÉGOIRE

LES 9 ÉCLUSES DE FONSERANES

Découvrir le génie de Pierre-Paul Riquet sur ce site emblématique de Béziers.

© MONIQUE BOULZE-PILLEVESSE

LE CIMETIÈRE VIEUX

Laissez-vous surprendre par le « Père Lachaise » biterrois et ses chefs-d'œuvre sculptés.

LES BONNES RAISONS D'Y ALLER

LE VIGNOBLE

Empruntez les Routes des Vins et découvrez la singularité du vignoble biterrois.

© GILLES DESCHAMPS

© JEAN-PIERRE DEGAS

LES CONTES DES MEUBLES MODESTES

A Bassan, laissez-vous surprendre par la poésie des meubles d'Alain Fornells.

© KARINE GRÉGOIRE

FARNIENTE EN VILLE

Profitez des terrasses de café place Jean Jaurès et ailleurs en ville !

LES 12 MOTS-CLÉS

#ANTIQUE

Construite par les Grecs en 625 av. J.-C., Béziers est traversée dès 118 av. J.-C. par la Via Domitia, voie reliant Gênes à Valencia. Baeterrae est alors une colonie romaine d'importance, en témoignent son forum, son temple (sous la cathédrale Saint-Nazaire), et son amphithéâtre avec son impressionnante capacité d'accueil de 13 000 personnes.

#APHRODISE

Fuyant les persécutions en Egypte, et pour prêcher la bonne parole, Saint-Aphrodise traversa la Méditerranée avec son chameau. A Béziers, les Romains virent d'un mauvais œil sa venue et le firent décapiter. La légende dit qu'Aphrodise partit avec sa tête sous le bras, rejoignant la grotte où il créchait, l'actuelle basilique Saint-Aphrodise.

#BANDE DESSINÉE

Le Festival de Bande Dessinée se tient depuis 26 ans à Sérignan. Chaque année, le président du festival est un célèbre dessinateur de BD. A l'occasion de l'édition 2021, Cromwell est venu avec son héroïne Anita Bomba, et son univers fantastique au doux parfum anarchique. Autour d'une trentaine d'auteurs, dédicaces et ateliers animent le week-end.

#BÉZIERS

2e plus vaste secteur sauvegardé de France après Paris, Béziers, labellisée Ville d'Art et d'Histoire, dévoile ses siècles d'histoire, ses traditions ancrées dans le cœur de chaque Biterrois et son terroir authentique, au travers de ses ruelles médiévales, de ses ambiances, de ses adresses pittoresques et de son âme, vibrante en tout point.

© KARINE GRÉGOIRE

#CANAL DU MIDI

Sur décision de Louis XIV, le Canal du Midi fut érigé pour faciliter les échanges commerciaux et éviter le passage du détroit de Gibraltar. Chef-d'œuvre du génie civil, c'est le Biterrois Pierre-Paul Riquet qui fut en charge de l'ouvrage hors norme reliant Toulouse à Sète. Inauguré en mai 1681, le Canal Royal du Languedoc est légué à la postérité.

© © KARINE GRÉGOIRE

#CHAMEAU

Présent sur les clous en laiton qui vous guident dans les rues de la ville, le chameau c'est *Lou Camel*, animal totémique de Béziers. Fierté des Biterrois, le chameau, porte-bonheur qui est de toutes les occasions, est celui de Saint-Aphrodise : depuis l'Egypte, il a traversé les flots de la Grande Bleue avec son maître venu évangéliser la ville.

#ÉNERGIE

Riche d'un passé patrimonial et historique, Béziers Méditerranée est l'héritière farouche d'une panoplie de traditions puisant leurs fondements dans les terres d'Occitanie. De sa langue chantante à ses fêtes colorées, de ses saveurs culinaires à ses matchs pleins de fougue, Béziers, dynamique, vivante, diffuse son énergie de manière spontanée.

#FÉRIA

Chaque année au mois d'août, près d'un million de personnes participent à la Féria de Béziers. Les arènes et les corridas sont au cœur de la fête, laquelle finit par embraser la cité biterroise. Les bodegas et les *casitas* se remplissent, les animations et les spectacles avivent un peu plus les rues qui, jusqu'à l'aube, vibrent au rythme du flamenco !

LES 12 MOTS-CLÉS

#ORPELLIÈRES

Bijou naturel sauvegardé entre mer et vignes, à Sérignan, les Orpellières offrent des paysages uniques où les Biterrois aiment à se ressourcer. Entre terre et mer, dunes et lagunes, empruntez les chemins pour découvrir ce cadre d'exception. De la Maison du Site, vous pourrez choisir de multiples activités pour vivre et ressentir les Orpellières.

© MAIXENT COLLADO / AGGLO BÉZIERS MÉDITERRANÉE

#PÊCHEURS EN MER

Indissociables de Valras-Plage, les pêcheurs en mer sont célébrés chaque année lors de la fête de la Saint-Pierre. C'est la pêche qui, en son temps, a fait la richesse de Valras, installée à l'embouchure de l'Orb. Aujourd'hui, pêcheurs côtiers et fluviaux relancent l'activité et invitent à acheter du poisson frais pour de délicieuses recettes.

#RUGBY

« Aqui, Aqui, es Besiers ! » scandent en chœur les Biterrois soutenant l'ASBH au stade Raoul Barrière, entraîneur mythique du club. Une ferveur omniprésente pour l'équipe issue du « Grand Béziers » d'où une génération exceptionnelle de joueurs a forgé la réputation du club de rugby. Evoluant aujourd'hui en Pro D2, l'ASBH est le 3e club le plus titré de France.

#VIN

Sur les collines et dans les plaines, la vigne, sur le territoire de Béziers Méditerranée, est partout, puisant dans ses terroirs de multiples richesses pour des vins aux qualités exceptionnelles. De cette aire labellisée « Vignobles et Découvertes » depuis 2015, 5 appellations soulignent la singularité de ces crus aux accents méditerranéens.

© JEAN FRÉDÉRIC TISSIER

VOUS ÊTES D'ICI, SI...

- Vous allez au stade Raoul-Barrière, soutenir l'ASBH, l'équipe de rugby de Béziers, 11 fois championne de France.
- Vous parlez biterrois et diffusez à travers vos mots de la « langue d'aqui » l'identité occitane de Béziers.
- Vous aimez la Coque de Saint-Aphrodise, brioche gourmande aux notes d'agrumes ou de fleur d'oranger, rappelant le pain distribué aux pauvres par le saint.
- Vous allez à la fête de la Saint-Pierre à Valras-Plage fin juin, rendre hommage aux pêcheurs et aux marins.
- Vous cuisinez le ragoût de seiches aux olives à la valrassienne.
- Autour du 15 Août, vous allez à la Féria de Béziers, plus grand événement de l'été de la région Occitanie.
- Vous vous baladez le long du Canal du Midi, artère d'eau qui depuis 341 ans irrigue le cœur des Biterrois.
- Toute l'année, vous arpentez les dunes et les prés-salés des Orpellières.
- Vous faites bénir votre animal domestique lors de la Saint-Roch, à Sérignan, chaque année en août.
- Dans votre coffre il y a toujours votre sac de plage !

TOP 10

SE RESTAURER

Cuisine créative, vivante et inspirante, gastronomie de haut vol et bistronomie gourmande, la destination offre pléthore de belles et bonnes adresses. Une palette de saveurs s'invite à ces différentes tables : entre plats iconiques du terroir et réalisations culinaires invitant au voyage, c'est tout le savoir-faire et la passion des chefs et de leurs brigades qui transparaissent dans ces coups de cœur. Poissons, crustacés, légumes d'ici et de là, olives, viande de taureau, l'art de bien manger se cultive avec authenticité. Vous avez rendez-vous avec le meilleur, prenez place !

© OLIVIA RUIZ

74

L'ALTER-NATIVE

Béziers

Une gastronomie prestigieuse orchestrée par Gilles Goujon. Des métissages gustatifs explorent une créativité entre terre et mer.

© MBP

112

LE BOUCAN

Villeneuve-lès-Béziers

Ici, la bistronomie œuvre pour une cuisine de saison, colorée de produits frais. Des instants gourmands en toute simplicité.

L'ATTABLE (E) BY AXEL D.

Béziers

Cette table est un melting-pot de saveurs où les notes méditerranéennes et les accents du terroir révèlent une cuisine chatoyante.

© MBP

74

© LE CHAMEAU IVRE

75

LE CHAMEAU IVRE

Béziers

Le Chameau Ivre conjugue savoir-vivre et gastronomie. Cave, bar à vins et tapas, l'établissement multiplie les saveurs locales.

LA MAISON DE PETIT PIERRE

Béziers

Voici l'adresse biterroise où l'on se presse pour déguster la cuisine inspirée et spontanée de Pierre Augé. Une pépite culinaire !

© SAGES COMME DES IMAGES

© LE PATIO

LE PATIO

Béziers

Le Patio, à l'ombre d'un olivier, offre une ambiance raffinée où la cuisine ancre son authenticité dans le savoir-faire du chef.

© LA MADRAGUE

LA MADRAGUE

Valras-Plage

À La Madrague, les produits de la Grande Bleue, poissons, coquillages et crustacés, embellissent la carte de leurs saveurs iodées.

© LES ENFANTS TERRIBLES

HÔTEL-RESTAURANT LES ENFANTS TERRIBLES

Villeneuve-lès-Béziers

Près du canal du Midi, profitez de l'ombre des platanes pour savourer une cuisine gourmande, inspirée des produits de la mer.

PICA PICA

Béziers

Une bistronomie menée par le chef Fabien Lefebvre, révélant une cuisine aux couleurs locales, gourmande, simple et généreuse.

© KARINE GREGOIRE

© MBP

LE SÉPIA

Valras-Plage

Dans un cadre chaleureux et raffiné, Yann Nicolas élabore une cuisine maîtrisée et inventive, influencée par le marché du jour.

TOP 10

SE LOGER

Entre mer et montagne, ville et vignobles, le territoire de Béziers Méditerranée offre de multiples possibilités de séjour. Que ce soit un hôtel en bord de mer, un gîte dans un domaine au cœur des vignes, une chambre d'hôte dans Béziers ou une maison de charme dans un hameau médiéval, sachez que l'accueil qui vous sera réservé sera des plus authentiques. Pour un week-end en amoureux, une réunion entre cousins ou un séjour avec papy, mamie et les petits-enfants, nos coups de cœur sont de magnifiques endroits pour passer des instants inoubliables. Passez du rêve à la réalité !

© HERMITAGE DE COMBAS

CHÂTEAU-HERMITAGE DE COMBAS

Servian
Lieu de charme et de prestige, une nuit à l'Hermitage de Combas laisse un souvenir impérissable, entre élégance et raffinement.

© J-P DEGAS

DOMAINE DE RIBAUTE

Lieuran-lès-Béziers
Le Domaine de Ribaute réserve à ses hôtes un accueil prestigieux, et intime, au cœur des vignes, dans un lieu chargé d'histoire.

DOMAINE DE MAJUBIER L'OSTAL****

Espondeilhan
Quel plaisir de bénéficier d'une magnifique villa avec piscine dans un cadre bucolique où les vignes s'invitent à votre porte !

© HOTEL XIX BEZIERS

© DOMAINE DE MAJUBIER

HÔTEL-CAFÉ LE XIX***

Béziers
Une atmosphère chic et cosy pour cet établissement mêlant Art déco et design contemporain aux courbes de la place Jean Jaurès.

HÔTEL DE LA MER

Valras-Plage
De la simplicité naît la perfection. De cet hôtel naît la volupté d'un séjour bercé par les embruns et les vagues de la Méditerranée.

© HÔTEL DE LA MER

© LA MAISON DU POTIER

LA MAISON DU POTIER

Valras-Plage
La Maison du Potier est une adresse qui, en toute simplicité, offre charme et confort aux touristes venus en bord de mer.

© PATRICK BRUNET

HÔTEL IN SITU [BOUTIQUE ART HÔTEL]****

Béziers
L'élégance haussmannienne ponctuée d'une déco résolument contemporaine donne à l'hôtel In Situ son éloquente singularité.

VILLA KUMQUATS

Béziers
Des chambres d'hôte urbaines offrant sérénité, authenticité et raffinement dans une villa de caractère au cœur de Béziers.

©HOTEL LE MIRA-MAR

HÔTEL LE MIRA-MAR***

Valras-Plage
Optez pour le confort douillet et familial de cet hôtel de bord de mer : un séjour trois étoiles pour un standing contemporain.

© VILLA KUMQUATS

© VILLA ROSA

VILLA ROSA

Béziers
Venir à la Villa Rosa, c'est s'offrir une parenthèse enchantée et dépaysante au cœur du quartier historique biterrois.

TOP 10

SAVEURS RÉGIONALES

Découvrir les saveurs locales et les spécialités gourmandes fait partie intégrante d'un séjour réussi ! Plus qu'un parfum ou qu'un goût, c'est le travail de femmes et d'hommes que vous allez découvrir, ce sont des savoir-faire pétris de traditions et de cultures, ce sont des procédés artisanaux profondément ancrés dans un terroir. Voici notre sélection des meilleures adresses de Béziers et de ses environs, où vous glanerez mille et une douceurs pour vous régaler et vous donner des idées de cadeaux pour emporter une parcelle de ce riche terroir dans vos valises. Suivez le guide !

© BOUCHERIE BANEGAS

106

BOUCHERIE BANEGAS

Valras-Plage
Dans le respect des traditions, la maison propose des viandes françaises sur les étals et un travail artisanal de la viande de taureau.

© BOULANGERIE PATISSERIE ROLLAND

82

BOULANGERIE PÂTISSERIE ROLLAND PÈRE ET FILS

Béziers
Brioche aux parfums d'agrumes ou de fleur d'oranger, la coque de saint-Aphrodise se déguste le 28 avril, jour de la fête du saint.

BOUCHERIE SÉNÉGAS

Corneilhan
Goûtez à la spécialité de la maison Sénégas, le pâté de Corneilhan : un pâté de porc artisanal, au goût prononcé et rustique.

© BOUCHERIE SÉNÉGAS

117

© MBP

97

BOULANGERIE PÂTISSERIE GARCIA FRÈRES

Sérignan
Le pavé aux figues est la spécialité de la maison : mariage subtil entre un pain de Gênes et une confiture de figues artisanale.

LA FROMAGERIE

Béziers
Au fil des saisons, Philippe et Christine, maîtres fromagers, vous dévoilent des saveurs fromagères qui sortent de l'ordinaire.

© LA FROMAGERIE

85

© MBP

80

LES CAPRICES DE CAH'SY

Béziers
Catherine et Sylvette inventent des parfums originaux pour sublimer sorbets et crèmes glacées fabriqués devant vos yeux.

© DOMAINE DE PIERRE BELLE

121

DOMAINE PIERRE BELLE

Lieuran-lès-Béziers
La Cartagène, cette boisson alcoolisée aux parfums de fruits, typique du Languedoc, est servie à l'apéritif ou au dessert.

VALRAS COQUILLAGES

Valras-Plage
Un séjour à Valras-Plage est l'occasion de déguster huîtres, moules et autres fruits de mer de la région auprès des écaillers.

© VERNEDE PRODUCTEUR

98

VERNÈDE PRODUCTEUR

Sérignan
Lionel Vernède, agriculteur à Sérignan, a séduit de grands chefs gastronomes avec ses asperges, et notamment ceux de l'Élysée.

© VALRAS COQUILLAGES

107

© EPICERIE LAUZE

85

L'ÉPICERIE LAUZE

Béziers
Lieu où les papilles sont en éveil, l'adresse regorge de produits gastronomiques pour des expériences culinaires d'exception.

IDÉES DE SÉJOUR

Il existe de multiples raisons de vouloir séjourner sur le territoire de Béziers Méditerranée, bien des manières d'appréhender son patrimoine et sa nature sauvage, et de faire l'expérience de son authenticité. Une escapade sur un week-end ne suffira certainement pas à explorer toute la richesse des lieux, mais il aura le mérite d'éveiller votre curiosité et de vous mettre l'eau à la bouche ! Les idées de séjour ne manquent pas pour découvrir les différents visages de Béziers Méditerranée. Nous avons choisi de vous proposer des thématiques de voyage, des idées qui ouvrent le champ des possibles et vous invitent à porter un autre regard sur cette destination méridionale. Dans nos propositions, l'eau sera le fil conducteur : des côtes aux flots tranquilles du canal, à vous l'aventure. Nous vous proposons ainsi une journée ludique en famille à Valras-Plage, puis un week-end sur le Canal du Midi, au « Pays de Paul Riquet ». Bonnes balades !

UNE JOURNÉE LUDIQUE EN FAMILLE À VALRAS-PLAGE

À l'embouchure de l'Orb, Valras-Plage est la station balnéaire où les Biterrois viennent profiter des joies de la plage. Si vous n'avez qu'une journée à consacrer à cette destination, voici un sympathique programme à vivre en famille pour vous approprier les lieux et découvrir de façon ludique les moindres recoins de la cité côtière valrassienne. Pensez à enfiler vos baskets, vous allez arpenter les rues de la ville !

› Matinée : chasse au trésor

Quoi de plus agréable pour initier les enfants au patrimoine d'une ville, que de faire une chasse au trésor en famille ? Direction l'Office de tourisme de Valras-Plage pour vous procurer le kit qui vous permettra de résoudre l'énigme sur « Alice et le roi Léon » : placés sous la protection de deux rois, les animaux de la plage sont inquiets, car l'un des rois a disparu ! Menez l'enquête en famille, ouvrez l'œil, cherchez les indices en ville et sur la plage, et le trésor est au bout de cette quête !

Pour reprendre des forces après ces va-et-vient, rendez-vous à l'étal des écaillers près de l'Office de tourisme : coquillages et crustacés sont à déguster sur place ! Un délice.

› Après-midi : créez des souvenirs sur le site des Orpellières

Rendez-vous aux Orpellières pour un après-midi au cœur de la nature. Durant l'été et les vacances scolaires, les équipes de la maison des Orpellières proposent de multiples ateliers et animations à destination des enfants et de leurs familles. De quoi vous distraire tout en découvrant ce site naturel protégé. Nous vous conseillons de participer à une « balade nature » : en compagnie d'un guide de la Mai-

© KARINE GRÉGOIRE

Balade en famille à Valras-Plage.

son du site, cheminez entre dunes et lagunes pour en apprendre plus sur la faune et la flore des Orpellières. Ouvrez l'œil, peut-être aurez-vous la chance d'apercevoir un gravelot à collier interrompu, joli petit oiseau emblématique du site. Finissez cette journée sur la plage pour profiter des embruns, du sable fin et du cri des mouettes !

LE CANAL DU MIDI AU PAYS DE PAUL RIQUET

Cette proposition de séjour est une invitation à partir sur les pas d'un passionné, un visionnaire un peu fou, qui dota la France d'un de ses plus beaux ouvrages d'art. Le temps d'un week-end, entrez dans le monde démesuré de Pierre-Paul Riquet et investissez le lieu qui a fait sa renommée, le canal du Midi. Vous nous suivez ?

› Jour 1. Les 9 écluses de Fonseranes et le canal du Midi

Pour vous faire une idée de ce chantier titanesque entrepris pour éviter le détour par Gibraltar et ses pirates, faites une première escale aux 9 écluses de Fonseranes. Labellisé « Grand Site d'Occitanie », le site, baptisé « l'escalier de Neptune » par son créateur de génie, offre une vue imprenable sur la cathédrale et les remparts de Béziers. Un parcours audioguidé vous expliquera l'histoire du site et de sa construction. Complétez votre découverte par une expérience insolite, celle du cinéma immersif proposée à la Maison du Site, et vivez durant 14 minutes, un « voyage dans le temps autour du canal ».

Une pause déjeuner à la table du « 9 » vous offrira un moment de régal avec vue panoramique sur Béziers ou sur les écluses.

Poursuivez votre découverte du mythique canal par une croisière sur ses eaux calmes. Embarquez à bord d'une péniche et partez pour 1h à 3h de navigation. Ce sera l'occasion d'observer les plus prestigieux ouvrages que sont les écluses bien évidemment, mais aussi le Pont Canal au-dessus de l'Orb, avec ses impressionnantes dimensions (28 mètres de large et ses 240 mètres de long), ainsi que le tunnel de Malpas, à Nissan-lez-Ensérune, un tunnel fluvial creusé dans la colline d'Ensérune sur 173 mètres de long.

Terminez votre journée en remontant sur l'acropole biterroise ! Empruntez pour cela le sentier pédestre qui relie les 9 écluses à la cathédrale Saint-Nazaire, et dont l'inauguration est prévue le 1er juillet 2022. Ce sentier passe par le Pont-Vieux, désormais entièrement piéton, pour franchir l'Orb, puis s'accroche aux remparts de la ville et monte, par l'escalier ou l'ascenseur, jusqu'au parvis de la cathédrale Saint-Nazaire.

© J-P DEGAS

Sur le canal du Midi, Villeneuve-les-Béziers.

› Jour 2. Villeneuve-lès-Béziers, entre canal du Midi et vignoble

Enfilez vos chaussures de marche et partez en randonnée sur le circuit « Entre canal du Midi et vignoble ». Au départ de Villeneuve-les-Béziers, cette balade de 10 km vous mènera au cœur du vignoble qui s'étend sur les rives du canal du Midi. Une sympathique œnorando qui ouvrira votre regard aux paysages viticoles et à une mosaïque de cépages plantés en IGP Pays d'Oc et IGP Coteaux de Béziers. Des chemins de halage aux caves coopératives, des quartiers du vieux Villeneuve à la traversée des vignobles, cette boucle offre une jolie vision du patrimoine rural et du terroir viticole des portes de Béziers.

Avant de reprendre votre escapade, faites une halte gourmande au restaurant Les Enfants Terribles : vous goûterez ici à la cuisine originale autour des spécialités de poisson et de fruits de mer.

Et comme ici tous les chemins mènent au vignoble, nous vous proposons de terminer votre week-end par une visite de domaines viticoles, couplée d'une dégustation des crus locaux. A Villeneuve-les-Béziers, rendez-vous à la boutique de la cave coopérative Alma Cersius, pour vous laisser conter le savoir-faire des vignerons. Puis, toujours en longeant le canal du Midi, faites un crochet au domaine de la Gourgasse Neuve, classé en IGP Pays d'Oc et Coteaux d'Ensérune où la visite guidée du domaine familial met en lumière la finesse de son terroir.

Votre week-end s'achève, pourquoi ne pas le finir au restaurant L'Écluse, à Villeneuve-les-Béziers ? Avec sa terrasse en bois surplombant le canal du Midi, c'est l'endroit parfait pour clore ce séjour !

PASSEPORT

DÉCOUVRIR

Béziers, fière cité juchée sur son acropole, surplombe la plaine, l'Orb et son prestigieux Canal du Midi, ses vignes et ses oliviers. La belle Biterroise, du plus profond de son passé, a toujours marqué l'Histoire. Cette ville vous surprendra, vous happera, vous plaira, vous n'aurez qu'une envie, c'est la découvrir encore un peu plus au fil de votre séjour. Ici son patrimoine, là sa gastronomie, demain ses panoramas et puis ses hommes et ses femmes qui font l'âme de Béziers. Déambulez dans ses rues médiévales, savourez les spécialités locales, et prenez le temps de vivre sur ses placettes et le long des allées Paul Riquet. Allez à la rencontre de ses vignerons, parcourez ses vignes et dégustez les appellations qui font sa renommée. Et vibrez, à chaque instant, au rythme fou de ses festivals, de sa féria et de ses soirées estivales au cours desquelles vous comprendrez pourquoi Béziers se vit intensément !

LA VIGNE ET L'OENOTOURISME

Depuis des générations, Béziers Méditerranée est une terre propice à la culture de la vigne. Dans le Biterrois et le Languedoc, les traces de cette culture remontent à 2500 ans avant J.-C. C'est dire combien les ceps de vigne ont un ancrage profond dans le terroir et les traditions venues des anciens. La culture de la vigne fera la renommée de la ville. Une prospérité affichée notamment dans l'opulence des quelque 150 châteaux pinardiers, l'élégance des façades des hôtels particuliers de la cité, et au-delà dans les campagnes environnantes. Laissez-nous vous conter l'histoire de ce vignoble, le travail sans relâche des vignerons, les joyaux architecturaux des négociants en vin ; découvrez les domaines d'aujourd'hui et les partenaires vignerons de l'Office de tourisme de Béziers Méditerranée, labellisée Vignobles & Découvertes depuis 2015, les crus et leurs appellations, sans oublier les multiples itinéraires oenologiques qui vous plongeront au cœur du vignoble Biterrois.

Le vignoble biterrois, sa géographie, son histoire

Depuis 27 siècles, les vignes sont au cœur des terres biterroises et « l'or rouge » coule dans les veines des hommes qui ont forgé ce terroir. L'atmosphère ici est unique : le paysage est lié au vignoble. C'est la vigne qui a façonné la nature. Si les Romains ont sérieusement développé la viticulture sur ces terres méridionales, ce sont véritablement les Étrusques puis les Grecs qui ont importé les premiers ceps de vigne sur les parcelles biterroises. C'est en effet une mission de recherches archéologiques menée par l'université de Pennsylvanie qui publia ces résultats en 2013 : le berceau de la viticulture française trouve ses origines sur les terres de Béziers Méditerranée. La vigne est donc omniprésente. Elle s'étend sur les collines et dans les plaines qui sculptent le paysage. Elle longe l'Orb, le Libron et la Thongue et vient même lécher de ses parures végétales les flancs de la cité biterroise. Le vignoble ici a le charme des paysages italiens : il est parsemé d'amandiers, de rosiers, de figuiers et de pins, telle une peinture déployant ses couleurs au fil des saisons.

Son implantation géographique et le climat méditerranéen profitent au développement de la culture de la vigne. Elle triomphe, prenant le pas dès le XIXe siècle sur les autres activités. Sans cru prestigieux, cette prospérité consacre une production massive de vin issu du cépage Aramon, promue et portée par la terrible crise du phylloxera qui, à partir de 1864, ravagea la majorité des vignobles de France. Mais pas celui du Languedoc (et du Biterrois en particulier), protégé par un régime des vents favorable, et par des innovations techniques salvatrices. Béziers se retrouve ainsi, au tournant du XXe siècle,

Vignoble Biterrois.

au cœur d'une région viticole abreuvant une grande partie de la France. Le vin est alors devenu rare, 1880 est une manne pour les producteurs (son prix à l'hectolitre passant de 10 francs en 1875 à 41 francs en 1880). Autoproclamée « Capitale mondiale du Vin », de 1870 à la fin de la Première Guerre Mondiale, Béziers, sa renommée et ses vignobles s'essoufflent peu à peu. Un âge d'or qui s'éteint totalement en fin d'année 1945, période marquée par le début de la lutte gouvernementale contre la consommation de vin. Des années de déclin qui poussèrent les vignerons à réorienter leurs travaux dans les vignes, privilégiant dès lors la qualité à la quantité. Bénéficiant d'aides de l'État pour la restructuration des vignobles, les domaines se modernisent et travaillent, dès les années 80, à la production de vins basés sur des cépages locaux ; mais aussi à une meilleure communication. Des efforts constants qui amenèrent à la création de l'AOC « Coteaux du Languedoc » en 1985. Un dynamisme qui pousse les viticulteurs à de constantes évolutions pour assurer aux générations suivantes une ressource viticole de qualité.

Le patrimoine viticole et les châteaux pinardiers

La vigne a ainsi parsemé le paysage biterrois d'un riche patrimoine architectural, se composant tout à la fois de traditionnelles maisons vigneronnes, de splendides hôtels particuliers et autres témoignages artistiques, consécutifs aux retombées financières qui gratifièrent la cité au XIXe siècle. Béziers est alors la ville la plus riche du Bas-Languedoc et c'est en hectolitres de vin que sont évalués les attraits des filles à marier des pinardiers biterrois ! Ainsi, si les maisons traditionnelles vigneronnes sont inscrites dans une certaine homogénéité avec la cave, l'étage aux fenêtres hautes et la poulie marquant l'entrée du grenier à foin, d'autres maisons bourgeoises présentent des proportions démesurées et une architecture à la hauteur des ambitions de leurs propriétaires. Béziers elle aussi connaît ces évolutions architecturales : les splendeurs de l'époque se remarquent encore aujourd'hui du plateau des Poètes au Théâtre municipal, de la construction des nouvelles arènes en 1895 à la gare érigée en 1857 en passant par les hôtels particuliers avec leur style haussmannien.

Et que serait Béziers Méditerranée sans ses riches propriétés, maisons de maîtres de style Renaissance, Louis-quatorzien ou néo-classique, plus connues sous le nom de châteaux pinardiers. Dans un rayon de 25 km, ce sont près de 150 châteaux pinardiers qui essaiment leurs styles architecturaux parfois étonnants dans la plaine biterroise. Les riches propriétaires terriens veulent des demeures à la hauteur de leur fortune : emprunte à tous les styles, l'architecture est éclectique, voire farfelue comme le château de Grézan aux allures de « Petite Carcassonne ». Quelques-uns sont inscrits au titre des Monuments Historiques, tel le château de Saint-Bauzille à Béziers, d'autres ont été reconvertis en hôtel ou en restaurant, d'autres enfin poursuivent leur belle aventure au cœur d'importants domaines qui ont aujourd'hui redoré leur blason.

© CHRISTIAN FÉMÉNIAS/VILLE DE BÉZIERS

Les domaines et appellations

Assis sur les flancs sud-est de l'Occitanie, le vignoble du Biterrois est le berceau d'une viticulture menée de main de maître par des domaines viticoles familiaux. Couvrant 15 000 hectares, le vignoble biterrois produit des vins en AOP Languedoc, et IGP Coteaux d'Ensérune, IGP Coteaux de Béziers, IGP Côtes de Thongue et IGP Pays d'Oc. Entre terre et mer, ce piémont languedocien abrite des vignerons-producteurs et des viticulteurs-coopérateurs. Depuis plusieurs décennies, ces professionnels de la vigne ont choisi de revenir aux cépages historiques du Languedoc, à savoir syrah, grenache ou encore mourvèdre. Nombre de viticulteurs s'orientent de plus en plus vers la culture en bio et vers la production de vins « nature ». Une dominance de la qualité sur la quantité pour magnifier au mieux le terroir. Des coteaux aux pentes douces aux abords du Canal du Midi, du cœur des garrigues aux terroirs de galets roulés, le vignoble Biterrois trouve ici des terres privilégiées, servies par un climat favorable et caressées par le vent. L'effet terroir prend ainsi toute sa valeur dans ces vins étoffés dans toutes les couleurs. Vins frais et élégants, vins personnels ancrés dans le terroir, vins généreux et complexes... ils sont à découvrir dans les caveaux, chez les producteurs et à l'occasion des circuits proposés par l'Office de Tourisme Béziers Méditerranée.

© JEAN FRÉDÉRIC TISSIER

Fûts de vin.

Les circuits oenotouristiques et le Label « Vignobles & Découvertes »

Quelques chiffres concernant le territoire : 48 domaines viticoles, 6 caves coopératives, 5 appellations et une aire labellisée « Vignobles & Découvertes » depuis 2015.

Pour partir à la découverte de ce territoire viticole, empruntez Les Routes des Vins. A pied ou à vélo, laissez-vous guider par les diverses signalétiques, profitez de la nature et de ses intenses couleurs, et à votre rythme, ouvrez vos sens à cette liberté sur l'un des 4 circuits offerts par l'Office de tourisme Béziers Méditerranée.

Deux oeno-rando, « Entre Canal du Midi et Vignobles » et « Les Balcons d'Alignan » vous mènent au travers des vignes pour des randonnées pédestres de près de 3 heures. Vous découvrirez une mosaïque de cépages, des rives du Canal du Midi au panorama sur la plaine de la Reyne, ces balades sont une parfaite mise en bouche pour ensuite visiter une cave et découvrir le patrimoine rural.

© JEAN FRÉDÉRIC TISSIER

Dégustation de vin.

Les circuits routiers quant à eux sont au nombre de 4. Sur ce territoire, tous les chemins mènent aux vignobles et à la rencontre des vignerons. Des moments de partage enrichissants pour découvrir autrement le terroir. « Entre Mer et Étang », circuit qui part de Sérignan, vous fait profiter de son patrimoine et de la vue sur ses vignes pour vous conduire à Valras-Plage et Vendres. Une boucle des saveurs pourrait-on dire avec la découverte des écaillers et des coteaux du Libron. « Jardins et vignobles » se fait au départ de Béziers. Entre saveurs et senteurs, parcs et jardins, balades romantiques et haltes dans les domaines de la plaine de Béziers, cette boucle est assurément pleine de surprises. « La Ronde des Caves » met à l'honneur le canal des deux mers sans qui le commerce du vin notamment n'aurait pu connaître aussi grande envergure. Au départ de l'historique cave de Maraussan, ce sont 4 heures d'itinérance au travers des vignes et de l'histoire qui vous attendent. Ici, les caves s'admirent et se visitent, les lieux se déchiffrent, le vin se déguste (avec modération). « Les vins de Riquet » vous invitent à découvrir le monument emblématique de Béziers, ses vignes qui s'accrochent aux chemins de halage, et l'IGP Coteaux d'Ensérune vous dévoile la fraîcheur de ses vins.

La destination est labellisée « Vignobles & Découvertes », soulignant dès lors sa vocation touristique et viticole par son offre visant des prestataires soigneusement sélectionnés : hébergements, restaurants, musées, caves et dégustations, manifestations liées au monde viticole. Ont ainsi été retenus et labellisés 23 domaines et caves coopératives, 23 hébergements, 13 restaurants, 8 sites patrimoniaux, 5 activités de loisirs, 7 événements, 2 structures réceptives et un office de tourisme. Ce label garantit aux clients de trouver un accueil de qualité, de partage et d'expérience autour du vignoble biterrois.

TOP 10

GASTRONOMIE LOCALE

Berceau de la viticulture française, Béziers Méditerranée voit ses terres ponctuées de vignes. C'est une mosaïque de cépages, de terroirs aussi divers que variés qui font la richesse des crus du vignoble biterrois. Notre top 10 des domaines est une invitation à explorer tous les autres ! En route !

DOMAINE DE QUERELLE - SÉRIGNAN

Michel Abel, vigneron indépendant, produit des vins en IGP Oc et AOC Coteaux du Languedoc.

© DOMAINE DE QUERELLE

DOMAINE DE RAISSAC - BÉZIERS

Gustave Viennet, dans son domaine familial, fait naître des vins équilibrés et pleins de panache.

© DOMAINE DE RAISSAC

CAVE COOPÉRATIVE ALMA CERSIUS - VILLENEUVE-CERS-PORTIRAGNES

123 viticulteurs engagés dans la culture de 24 cépages pour des vins richement aromatiques.

© ALMA CERCIUS

MAS LA CHEVALIÈRE - BÉZIERS

Deux vignobles pour des vins blancs frais et fruités, et des vins rouges intenses et chaleureux.

© GILLES DESCHAMPS

ÉMILE ET ROSE - CORNEILHAN

Une agriculture biologique, une vinification naturelle, et des vins élevés en barriques et en amphores.

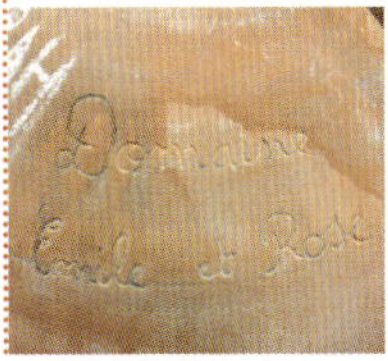

© DOMAINE EMILE ET ROSE

DOMAINE DE BRESCOU - ALIGNAN-DU-VENT

Retrouvez toutes les saveurs du Languedoc dans des vins élégants, respectueux de l'Homme et de la Nature.

© OLIVIER LEBARON

PIERRE BELLE - LIEURAN

Dans son domaine familial, Pierre Belle cultive des vins aux arômes complexes, tantôt fruités, tantôt corsés.

© DOMAINE DE PIERRE BELLE

CAVE COOPÉRATIVE DES VIGNERONS DE SÉRIGNAN

Le savoir-faire de passionnés pour des vins singuliers.

© VIGNERONS DE SÉRIGNAN

DOMAINE DES AMIEL - MONTBLANC

6 siècles de culture de la vigne, une production en permaculture, 2 gammes reflétant leur enracinement.

© DOMAINE DES AMIEL

L'AB TOURRETTE - SERVIAN

Ce domaine familial en agriculture biologique élabore des vins classés en IGP Côtes de Thongue.

© L'AB TOURRETTE

GÉOGRAPHIE

Situé dans l'Hérault, au centre-ouest du département, le Biterrois se développe autour de sa ville principale, Béziers. Cet espace géographique, au carrefour des autoroutes A75 et A9, est délimité au nord par les derniers contreforts de la Montagne Noire, et au sud par une vaste plaine côtière bordant la Méditerranée. La vallée de l'Hérault ponctue l'extrémité est de cette zone géographique, et les collines du Minervois tracent les contours du Biterrois à l'ouest. Dans ce paysage de collines et de piémont, de vignes et de garrigue, Béziers s'élève sur son promontoire, fière représentante de ce territoire bercé par le climat méditerranéen. Il vous suffira de prendre de la hauteur pour admirer la beauté des paysages et comprendre la diversité et la richesse de ses terres. Des plages de sable fin aux chemins traversant les vignes, des berges de l'Orb au Pioch du Travers, le Biterrois est un territoire agréable à arpenter.

La plaine littorale

Depuis Portiragnes-Plage jusqu'à Vendres-Plage, le territoire épouse la Méditerranée. Cette plaine littorale s'étend sur environ 45 km le long de la côte méditerranéenne. Si les lagunes sont plus fréquentes à l'est, en remontant vers Bouzigues et l'étang de Thau, le littoral biterrois possède deux fleuves côtiers qui animent la côte : le Libron et l'Orb. Le Libron prend sa source à Laurens, au nord de Béziers. Près de 44 kilomètres séparent le fleuve de sa source à son embouchure à Vias où il se jette dans la Méditerranée. Traversant Lieuran-lès-Béziers et Boujan-sur-Libron, ce fleuve, de nature tranquille, peut néanmoins devenir un torrent tempétueux, charriant boue et graviers lors des pluies diluviennes qui s'abattent soudainement sur le littoral. L'Orb est indissociable du Biterrois et de Béziers dont il arrose les terres. Prenant sa source à 884 mètres d'altitude, dans les monts de l'Escandorgue, le fleuve rejoint la plaine biterroise à quelques kilomètres de Cessenon-sur-Orb, au nord-ouest de Béziers. Après Lignan-sur-Orb, il entre dans la cité biterroise où il croise le Canal du Midi. Ce dernier enjambe le fleuve grâce au Pont-Canal : cet ouvrage a vocation, depuis 1858, à faciliter la traversée des bateaux là où 'Orb, à l'étiage en été, tempétueux et dangereux l'hiver, a provoqué nombre de chavirages et naufrages. Une quinzaine de kilomètres en aval de Béziers, l'Orb arrose Sérignan, puis se jette dans la Méditerranée à Valras-Plage. Ces deux villes sont des lieux emblématiques du littoral. Si l'Orb contribua largement au développement de leurs ports, Sérignan-Plage et Valras-Plage sont aujourd'hui deux stations balnéaires à taille humaine. Déployant 9 kilomètres de plages toutes classées Pavillon Bleu, cette partie du littoral biterrois jouit de la présence de la Réserve Naturelle des Orpellières. A cheval sur les communes de Valras-Plage et Sérignan, la réserve est classée au titre de « Natura 2000 », et sa biodiversité est protégée sur une superficie de 167,74 hectares. Ne manquez pas de découvrir la « Maïre » et la « Riviérette », les lagunes protégées du site, grâce au sentier de petite randonnée aménagé pour les marcheurs et les cyclistes. Et pour avoir une vision globale du paysage, faites l'ascension

La station balnéaire de Valras-Plage.

Passage Canterellettes qui mène à la cathédrale de Béziers.

des 71 marches du Belvédère des Orpellières : s'ouvrira à votre regard un panorama saisissant sur l'Orb et la Méditerranée, les lignes du massif pyrénéen et les crêtes des Monts de l'Espinouse.

Béziers, l'acropole du Biterrois

Plus ancienne ville de France, Béziers, (antique Baeterrae, 625 av. J.C.), est érigée sur la colline Saint-Nazaire, promontoire naturel duquel la cité prend des allures de sémaphore. La colline Saint-Jacques servait quant à elle d'avant-poste de surveillance de la ville (des vestiges de fortifications ont été retrouvés). Ces éléments naturels constituent les ultimes contreforts du Massif Central avant que le paysage ne s'ouvre vers la plaine du Bas-Languedoc. Surplombant l'Orb, Béziers étire sa géographie entre mer et montagne : la Méditerranée n'est qu'à une quinzaine de kilomètres tandis que les massifs du Caroux et de l'Espinouse ne sont qu'à une cinquantaine de kilomètres. Une position centrale dans cette région naturelle du Biterrois, qui de tout temps favorisa les échanges et les flux migratoires. On pense notamment à l'antique Voie Domitienne qui, reliant l'Italie à l'Espagne, traverse la cité biterroise. Aujourd'hui encore, Béziers est au cœur des voies de communication : l'A9, reliant la vallée du Rhône à l'Espagne, La Méridienne A75, en provenance de Clermont-Ferrand, et l'A61 pour aller vers Carcassonne, Toulouse puis Bordeaux. Par les airs, Béziers s'ouvre aux territoires national et européen avec son aéroport Béziers-Cap d'Agde. La gare SNCF de Béziers accueille 10 liaisons quotidiennes en TGV depuis Paris, et le réseau local TER permet de relier les grandes villes de la région. Bénéficiant de la douceur du climat méditerranéen, Béziers profite d'une belle luminosité, (plus de 300 jours de soleil par an), propice aux cultures et à la venue des touristes ! Toutefois, l'automne et les vents marins apportent leur lot d'épisodes méditerranéens où les fortes pluies causent des crues régulières. Commune la plus étendue du département, Béziers affiche une urbanisation tempérée, plus de la moitié de la surface communale étant des espaces naturels et agricoles, principalement plantés de vigne. La richesse des sols argilo-calcaires combinée à un ensoleillement exceptionnel et à la fraîcheur des embruns marins favorisent la culture de la vigne et donnent à ce terroir un caractère unique. Avec 17 communes, l'agglomération Béziers Méditerranée affiche une superficie de 303 km^2 pour une population de 126 926 habitants. Ces villes sont toutes classées communes touristiques, et de Béziers, Villeneuve-les-Béziers, Sérignan et Valras-Plage sont classées « Station touristique ».

Collines et piémont, des reliefs nuancés

Le paysage de l'arrière-pays biterrois est parsemé de piémonts dont les collines affichent un relief adouci par le vent et l'érosion. S'étirant d'est en ouest, des communes de Valros et Montblanc à celle de Lignan-sur-Orb, ces reliefs sont des collines viticoles. La vigne représente en effet plus de la moitié de l'espace biterrois. On comprend mieux pourquoi la destination Béziers Méditerranée est labellisée « Vignobles & Découvertes ». Chaque coteau, chaque piémont arbore des rangées de vignes telles des perles délicatement enfilées sur un collier. Sous le soleil biterrois, le piémont viticole déploie ses raisins. Le climat et la géologie du territoire participent à l'épanouissement de la vigne. Pour se rendre compte de la portée de cette culture sur la géographie des lieux, prenez de la hauteur. La colline de Corneilhan, en amont de Béziers, offre un belvédère duquel la vue plonge sur les vignes et le piémont biterrois. A l'extrémité nord du Biterrois, les vignes contournent de petites collines, les piochs. A Alignan-du-Vent, le pioch du Travers domine de ses 112 mètres la plaine de la Peyne, les vignes et les villages viticoles. Des espaces sans grande variation géologique, facilitant les randonnées. Des zones géographiques préservées, ouvrant sur de vastes espaces, des paysages exaltants soulignant l'attrait de la destination Béziers Méditerranée.

NATURE

Béziers Méditerranée bénéficie d'un attrait touristique indéniable, et la nature en fait partie. Véritable conservatoire botanique et biologique, les espèces et leurs environnements profitent du climat, du relief, et de la protection des sites pour évoluer dans de parfaites conditions. Au cours de vos déambulations, prenez le temps d'observer ce qui vous entoure : les sentiers mis à votre disposition facilitent l'accès à ces milieux dont la préservation et la valorisation sont des enjeux du quotidien. Vos rencontres vous conduiront à apercevoir des espèces emblématiques, mais soyez curieux, et vous verrez alors que bien d'autres trésors se cachent dans ces espaces naturels. Arpentez les plages du littoral, parcourez la garrigue, sillonnez au travers des vignes, une multitude d'odeurs, de parfums et de couleurs éveilleront vos sens et attiseront votre curiosité : ouvrez l'œil, la faune locale offre d'étonnants spectacles !

Les dunes

Le Domaine des Orpellières est une réserve naturelle d'une extraordinaire richesse biologique. Protégée au titre de « Natura 2000 », le site, qui s'étend sur 167,76 ha, est notamment constitué d'un cordon dunaire de 2,5 km de long. Les dunes des Orpellières, dans un état de conservation exceptionnel, se forment depuis la plage à partir des laisses de mer (accumulation par la mer de débris naturels), transportées par les vagues lors des tempêtes. Cette accumulation de matière organique favorise le développement des plantes comme l'euphorbe péplis, le panicaut maritime ou encore l'oyat, plante typique des dunes dont les racines traçantes assurent le maintien du cordon littoral. Dans ce milieu dunaire, on rencontre des reptiles comme le psammodrome d'Edwards, des escargots, les fameuses caragouilles des dunes, et de nombreuses espèces d'abeilles.

La lagune

Cet espace entre terre et mer est visible aux Orpellières. Dans ce réseau de petites lagunes, certaines sont en eau toute l'année, d'autres seulement en hiver. Ces milieux singuliers sont alimentés par les eaux douces et les eaux de mer (par submersion marine). Lors des tempêtes, un chenal se forme sur la plage, reliant la lagune à la mer : le grau permet le déplacement des poissons migrateurs d'un milieu à l'autre, tels que les mulets et les anguilles. Il n'est pas rare d'observer ici de nombreux oiseaux : héron cendré, aigrette garzette, flamant rose, sterne, et l'oiseau emblématique des Orpellières, le petit gravelot à collier interrompu.

Les prés-salés

Cette vaste zone humide rencontrée à l'arrière du cordon dunaire présente des milieux contrastés où la biodiversité est reine. Dans cette sansouïre, la salicorne est la plante emblématique. Très présente dans les sols riches en sels marins, elle affectionne tout particulièrement ces marais. La salicorne est aussi une plante comestible, fréquemment mangée en salade. Dans ces prairies halophiles, («qui aime le sel»), on rencontre la saladelle, aussi appelée lavande des mers à cause de ses fleurs violettes regroupées en épis.

L'Orb

Fleuve côtier traversant la plaine biterroise, l'Orb présente un bel attrait faunistique et floristique, notamment à son embouchure, située à la pointe des Orpellières. Milieu riche pour la biodiversité, on y trouve notamment l'anguille et l'alose feinte, un poisson de mer qui remonte le cours inférieur du fleuve. Les berges de l'Orb sont particulièrement appréciées par les oiseaux qui y creusent leurs nids, tels le martin-pêcheur ou le guêpier d'Europe.

Garrigue, vignes et essences méditerranéennes

Au-delà du littoral, le Biterrois développe ses plaines et ses collines dans un environnement caractéristique du cordon méditerranéen. Profitant de la diversité des sols, la vigne déploie ses ceps avec véhémence, et s'accorde la compagnie de rosiers protecteurs. Les amandiers et les figuiers semblent pousser sans l'aide de l'homme, et les oliviers ponctuent de leur feuillage argenté les faïsses. Chênes verts et pins maritimes bénissent les terres de leur ombre bienfaitrice, et les plantes aromatiques diffusent leurs parfums dans la garrigue.

Gravelot en train de se nourrir, dans la réserve naturelle des Orpellières, à Sérignan-Plage.

HISTOIRE

L'histoire plus que bimillénaire de Béziers émerge aux quatre coins de la ville. Doyenne de l'Hexagone, l'antique *Baetarrae* est née de l'installation des Grecs puis des Étrusques sur ces terres méridionales. Colonie romaine sur la *Via Domitia*, la ville croît durant tout le Haut Moyen-Âge avec la culture occitane et les troubadours. Cet état de grâce s'achève lors de la Croisade des Albigeois : Béziers est brûlée et sa population massacrée. Il faut attendre le siècle de Louis XIV pour que la ville s'enrichisse de nouveau. La construction du Canal du Midi par Pierre Paul Riquet marque un élan économique jusqu'au XIXe siècle. Une période faste où la cité se proclame Capitale mondiale du vin. L'essor de la viticulture induit le développement de nouvelles industries et l'essor de l'urbanisme. Cette dynamique, et le renouveau de Béziers aux XXe et XXIe siècles promeuvent la conservation et la mise en valeur du patrimoine historique biterrois.

625 AV. J.-C. Premières traces d'occupation attestées sur les rives fertiles de l'Orb, à l'emplacement d'un oppidum protohistorique.

ENTRE 600 ET 500 AV. J.-C. Les Grecs créent la première grande cité. Les fouilles archéologiques soulignent l'existence d'une ville grecque de plus de 40 hectares, avec la présence de canalisations et de silos à grains.

IIIE SIÈCLE AV. J.-C. Hannibal et ses éléphants traversent la ville, via le Pont Vieux et la rue Canterelles.

118 AV. J.-C. La *Via Domitia*, première voie romaine de Gaule reliant Gênes à Valencia, traverse la cité.

© J-P DEGAS

Borne milliaire, Via Domitia, à Sauvian.

36 AV. J.-C.

La cité gauloise de *Beteris* devient la colonie romaine de *Julia Baetarrae*. Elle est intégrée à la Narbonnaise et devient un centre économique et commercial actif en Méditerranée.

Les communes de Béziers Méditerranée trouvent elles aussi leurs origines dans l'Antiquité puisque nombre d'entres elles se sont construites et développées sur d'anciennes *villae* romaines. Sur le littoral, la pêche et les échanges commerciaux maritimes ont permis à Sérignan et Valras d'exister.

IER – IIIE SIÈCLE

Le territoire est sous l'hégémonie de Rome, la cité est ceinte de remparts et l'amphithéâtre de Béziers est construit. Il pourra accueillir 13 000 personnes.

© KARINE GRÉGOIRE

Ruines de l'amphithéâtre romain à Béziers.

450

Conquête de Béziers par les Wisigoths qui la conservent jusqu'en 720.

VERS 720

Conquête sarrasine. Venant d'Espagne, les Sarrasins franchissent les Pyrénées et conquièrent la ville.

736 – 737

La cité est reprise par les Francs, alors menés par Charles Martel, grand-père du futur Charlemagne.

XIE SIÈCLE

Création de la commune et gestion de la ville par des consuls.

DÉBUT XIIIE SIÈCLE

Le pape Innocent III lance la Croisade des Albigeois, contre l'hérésie cathare, avec l'appui des armées du Roi de France, Philippe Auguste.

22 JUILLET 1209

C'est le sac de Béziers. La ville est conquise par les armées du Roi, Béziers est en cendres, la cathédrale Saint-Nazaire s'écroule et la population est massacrée. Villeneuve est elle aussi incendiée, et porte à la suite de ce terrible événement, le nom de Villeneuve-la-Crémade. Sérignan et Valras subissent le même sort. Si Sérignan est reconstruite et sera dite «libre» en 1412, Valras elle reste longtemps inhabitée pour ensuite être intégrée à Sérignan.

DÉCOUVRIR

FIN XIIIE SIÈCLE Début de la reconstruction de la cathédrale Saint-Nazaire qui dure jusqu'au XIVe siècle.

1562 La cité devient l'une des résidences des ducs de Montmorency, gouverneurs du Languedoc.

SOUS LE RÈGNE DE LOUIS XIV Béziers s'enrichit, et l'on voit la construction de plusieurs beaux hôtels particuliers : la bourgeoisie locale vit du revenu de ses domaines où sont cultivés vignes et oliviers.

26 JUIN 1609 Naissance de Pierre-Paul Riquet à Béziers. Avec l'appui de Colbert et de Louis XIV, il redessine le paysage et le commerce du sud de la France, en créant le Canal du Midi.

© DR

Pierre-Paul Riquet.

1667 Lancement du chantier de construction du Canal Royal du Languedoc, futur Canal du Midi. Imaginé et financé par Pierre-Paul Riquet, c'est aussi lui qui dirigea le chantier de construction de ce chef d'œuvre d'architecture et d'ingénierie hydraulique. Projet de toute une vie, le canal raccourcit et sécurise le commerce en évitant Gibraltar et ses pirates à la solde du Roi d'Espagne. Le célèbre Vauban dira même un jour de ce fabuleux bâtisseur et de son canal : « J'eus préféré avoir la gloire d'en être l'auteur, à tout ce que j'ai fait ou pourrais faire à l'avenir ».

24 MAI 1681 Inauguration du Canal Royal du Languedoc, qui est ouvert au trafic en juillet 1684, sur la totalité de son parcours. Il est renommé Canal du Midi après le Révolution Française, car les Révolutionnaires veulent lui donner un nom plus démocratique et populaire.

1846 Construction du premier hôtel à Valras. Les «bains de mer» sont en vogue, c'est le boom touristique. L'arrivée du chemin de fer l'année suivante accentue cette attractivité pour le bord de mer valrasien.

1863 Début de l'âge d'or de Béziers la Vigneronne. Épargné par le phylloxera, le vignoble du Biterrois fournit alors du vin à toute la France. Béziers devient dès lors la ville la plus riche du Languedoc, ce qui se traduit par la construction de châteaux pinardiers, d'hôtels particuliers fastueux, du Plateau des Poètes, des arènes et du théâtre municipal.

1899 Naissance de Jean Moulin au Champ de Mars, à Béziers.

1901 Un tramway électrique relie Béziers à Valras. Suivent alors les construction d'hôtels, de résidences et de cafés : Valras-Plage est désormais une station balnéaire.

1907 Révolte viticole dans le Languedoc. Il s'agit d'un vaste mouvement de manifestations de nombreux vignerons contre l'importation croissante de vins d'Algérie (arrivant par le port de Sète), et la chaptalisation massive des vins. Cette révolte, réprimée par le cabinet Clemenceau, est notamment marquée par la fraternisation du 17e régiment d'infanterie de ligne avec les manifestants biterrois : ils occupent les allées Paul Riquet et s'opposent pacifiquement aux forces armées leur faisant face.

1931 Valras devient une commune à part entière.

1961 1er titre de Champion de France de Rugby remporté par l'ASB. Ce même titre sera remporté ensuite en 1971, 1972, 1974, 1975, 1977, 1978, 1980, 1981, 1983 et 1984.

14 ET 15 AOÛT 1968 1ère Féria de Béziers. Un spectacle de variété avec Pierre Perret, deux novilladas et la troupe comico-taurine *El gallo* étaient aussi au programme. Depuis, tous les ans autour du 15 août, près d'un million de personnes investissent Béziers pour participer à cet événement majeur dans la vie de la cité biterroise.

1996 Les 9 écluses de Fonseranes sont classées Monument Historique, et la même année, le Canal du Midi est classé au titre du patrimoine Mondial de l'Humanité par l'UNESCO.

© KARINE GRÉGOIRE

Site des neuf écluses de Fonseranes.

4 DÉCEMBRE 2019 Béziers obtient le label Ville d'Art et d'Histoire.

DÉCOUVRIR

TOP 10

PERSONNALITÉS LOCALES

Ils ont marqué les esprits et ont forgé l'histoire de la ville ; on les retrouve en sculptures, dans les parcs ou les jardins. Ils se dessinent sur les murs de la cité ou s'affichent sur les plaques des rues. Ils ? Les hommes et femmes illustres, nés à Béziers, et qui ont à jamais gravé la mémoire de la cité.

JEAN MOULIN

On connaît le Jean Moulin résistant, on le connaît moins sous les traits de l'artiste qu'il était.

© DR

JEAN-JACQUES DORTOUS DE MAIRAN

Mathématicien et naturaliste né à Béziers au XVIIe siècle, un des cratères de la Lune porte son nom.

© DR

ALEXANDRA ROCHELLE

Volleyeuse, elle est capitaine des Béziers Angels, équipe féminine Championne de France en 2018.

© DR

ANTHONY JEANJEAN

Rider biterrois, il est Champion d'Europe en titre de BMX Freestyle Park et impressionne par son excellence.

© DR

JEAN-ANTOINE INJALBERT

Sculpteur, son *Buste de Marianne* de 1889 est le plus répandu dans les mairies françaises du XXe siècle.

© DR

BERNARD MINIER

Auteur de romans policiers, ses polars aux ambiances glaciales séduisent des millions de lecteurs dans le monde.

© BRUNO LEVY

JEAN GAU

Navigateur avec 2 tours du monde à son actif et 10 traversées de l'Atlantique. Un port valrassien porte son nom.

© DR

EDGAR FAURE

Homme d'État né au « Plateau des Poètes », il fut tout à la fois avocat, historien et professeur de droit.

© DR

RAOUL BARRIÈRE ET L'ASBH

Entraîneur du « Grand Béziers », le XV de rugby brandira six fois le bouclier de Brennus à ses côtés.

© DR

LUCYLE PANIS

Cantatrice, elle débute à l'Opéra de Paris en 1911 et fait carrière en interprétant les plus grands rôles (*Aïda*, *Faust*...).

© DR

ARCHITECTURE

L'Histoire du Languedoc-Roussillon a laissé d'incroyables témoignages architecturaux, traces indélébiles de ce foisonnant passé. Béziers Méditerranée ne déroge pas à la règle, et qu'il s'agisse de la cité biterroise ou de ses villages pittoresques des alentours, on peut lire dans leurs bâtiments l'héritage des populations qui ont parcouru ces terres méridionales. Des bâtisseurs de cathédrales aux architectes avant-gardistes, Béziers Méditerranée offre des monuments religieux et civils à l'architecture variée. En ville et à la campagne, églises et cathédrales côtoient hôtels particuliers et châteaux pinardiers. Cette pluralité de styles architecturaux se fond, se côtoie et finalement cohabite parfaitement pour le simple plaisir des yeux. Offrez-vous cette balade initiatique où chaque génération apporte sa touche de modernité sur l'époque précédente, tel un mille-feuilles dont les couches anachroniques font la richesse de la destination.

L'art roman et gothique

Le témoin le plus ancien est la basilique Saint-Aphrodise, l'une des plus vénérables églises de Béziers. Elle serait construite sur la grotte où Saint-Aphrodise vint s'enterrer après avoir été décapité par les Romains ; selon toute vraisemblance l'édifice fut bâti sur une ancienne nécropole paléochrétienne. L'édifice du VIIIe siècle a considérablement été remanié du XIIe au XIVe siècle. Ouverte ponctuellement, on peut observer l'austère façade occidentale depuis le parvis créé pour la mise en valeur du bâtiment. A quelques centaines de mètres du rempart médiéval se tient l'église Saint-Jacques. Citée dès le IXe siècle, c'est un beau témoignage du second art roman méditerranéen. Ce qui fascine ici, c'est le bel équilibre dont fait preuve l'abside pentagonale et le remarquable raffinement des chapiteaux d'inspiration wisigothique. Occupant une position dominante sur l'Orb, l'église offre une belle vue sur la cathédrale Saint-Nazaire. Caractéristique de l'architecture romane, le Pont-Vieux résiste aux vicissitudes de l'Orb depuis 1134. Ses arches trapues ancrent solidement leur structure de pierre dans le fleuve : jusqu'au milieu du XIXe siècle, il était le seul passage au-dessus de l'Orb, sur le chemin allant de Marseille à Toulouse. Telle la proue d'un navire, la silhouette massive de la cathédrale Saint-Nazaire et Saint-Celse affiche ses siècles d'histoire. La cathédrale actuelle trouve ses origines dans les murs de l'ancienne église érigée par Maître Gervais au XIIème siècle.

© KARINE GRÉGOIRE

L'église Saint-Jacques, Béziers.

© KARINE GRÉGOIRE

Pont-Vieux.

Une corniche marque le passage entre les époques : elle présente une frise en métopes et triglyphes, héritage de l'Antiquité. L'émergence de sculptures se fait à l'époque romane : elles viennent embellir les pierres brutes et austères de l'édifice. Six chapiteaux historiés ont été épargnés du terrible incendie de 1209 qui causa la destruction de l'édifice roman. Ce qui est intéressant dans l'architecture de la cathédrale, c'est le mélange subtil entre les styles: les bâtisseurs de l'époque ont en effet conservé le travail de leurs pairs en intégrant le savoir-faire gothique. Après son incendie, la cathédrale connaît une longue reconstruction jusqu'au XVe siècle. Plus forteresse que « dentelle de pierre », la cathédrale Saint-Nazaire est surmontée d'une imposante tour carrée de 48 mètres de haut, couronnée d'un gracieux campanile en fer. Sa façade ouest est ornée d'une impressionnante rosace sous laquelle se tient le portail d'entrée. Il est à constater que faute de moyens suffisants, le cloître de St Nazaire n'a jamais été terminé : il manque un grand nombre de chapiteaux sur les colonnades côté jardin. La collégiale Notre-Dame de Grâce à Sérignan est aussi l'un des plus beaux exemples de l'art gothique dans le Biterrois. A l'instar de la cathédrale, son architecture est une succession de styles, témoins de l'histoire des lieux et de la région.

© MBP

Façade ouest et entrée de la basilique Saint-Aphrodise.

Les habitats nés de la vigne

Apparues au XIXe siècle avec l'expansion de la vigne, les maisons vigneronnes ont participé à l'agrandissement des villages du Biterrois. Ces maisons servaient à la fois de lieu de travail et d'habitation. Elles possèdent des tailles différentes selon la richesse des propriétaires. En règle générale, on accédait à la cave depuis un trappon installé sur le trottoir pour les maisons de ville. Un cellier ou un chai pouvait occuper le rez-de-chaussée, reléguant l'habitation au premier étage. Parfois, il y avait un deuxième étage, appelé le galetas (grenier), pour entreposer le foin. On remarque la présence d'une fenêtre dotée d'une poulie extérieure sur la façade. L'essor de la viticulture, et l'arrivée du chemin de fer, ont conduit à l'essor économique de la région, et à la fortune des négociants biterrois. Les immeubles des allées Paul Riquet, au riche style haussmannien, sont autant de témoignages de cette glorieuse réussite. On admire encore les magnifiques hôtels particuliers ornés de sculptures et de somptueux balcons en ferronnerie, habillement travaillés. Bien souvent l'œuvre des meilleurs architectes de l'époque, ces maisons affichent un luxe volontairement ostentatoire, soulignant la prospérité de Béziers. Cette démonstration de richesse se reconnaît aussi dans les châteaux pinardiers. Avec cette envie de démesure sont élevés des châteaux au cœur de la plaine agricole. Affichant les caprices des propriétaires et l'imagination débordante des architectes, ces châteaux arborent une singularité architecturale où tous les styles se côtoient dans une joyeuse dissonance. Les normes sont bousculées, et ce sont des ensembles décoratifs à l'identité forte que l'on croise au détour des chemins.

L'architecture moderne et ses signatures

L'architecture urbaine biterroise se montre novatrice et de beaux bâtiments soulignent ces évolutions modernes. Il s'agit pour les architectes contemporains d'inscrire dans la modernité une architecture issue d'un héritage culturel méditerranéen. Conçue et réalisée par l'architecte Jean-Michel Wilmotte, la médiathèque André Malraux à Béziers donne à la ville un lieu culturel ouvert à tous. L'ancrage de ce bâtiment face à la maison natale de Jean Moulin fait de la médiathèque un élément fédérateur dans l'espace urbain. Le lien avec le héros de la Résistance est encore renforcé depuis septembre 2021 : on a inauguré dans la médiathèque une « bibliothèque Daniel Cordier », où est regroupé tout le fond documentaire personnel et manuscrits précieux de l'ancien secrétaire de Jean Moulin, Compagnon de la Libération, décédé en 2020. A Sérignan, c'est l'architecte Nicolas Guillot qui, en étroite collaboration avec le sculpteur et plasticien Daniel Buren, a conçu le bâtiment de la Cigalière. Lieu de créations artistiques, la salle et son architecture contemporaine aux façades vitrées prennent place au cœur du *Rayonnant* : une œuvre colossale qui déploie en éventail 170 pylônes en métal ouvrant le regard vers l'horizon. La nuit, l'œuvre prend vie avec les colonnes qui s'éclairent et se fondent harmonieusement dans l'ancien jardin méditerranéen doté d'arbres remarquables. L'architecture moderne peut surprendre par sa conception et l'originalité de ses lignes. C'est le cas notamment pour *Le Ruban* à Béziers, où l'immeuble ainsi nommé, présente des bandes verticales en béton préfabriqué blanches et en dégradé de gris.

© KARINE GRÉGOIRE

Allées Paul Riquet.

© E. SAILLET

«Rayonnant», travail in situ D. Buren Et N.Guillot. «La Cigalière», Nicolas C. Guillot architecte 2000 / 2002.

BEAUX-ARTS

Bercée par son histoire et ses traditions, Béziers Méditerranée a toujours été une terre de création. Les artistes ont immortalisé ses beautés, ses richesses, ses croyances, ses hommes et ses femmes. A coups de pinceaux, de sculptures ou d'images, ces témoignages ont parcouru le temps et l'espace. L'art dans le Biterrois a suivi les évolutions, et dans sa recherche constante de créativité, s'inspire aujourd'hui des lignes contemporaines pour traduire la modernité de la vie d'ici. Des peintures de l'Hôtel Fayet aux sculptures du Cimetière Vieux, des figurations narratives du MRAC de Sérignan à la poésie des meubles modestes d'Alain Fornells, quel que soit le chemin où vos pas vous mèneront, l'art ira toujours à votre rencontre. Fière de ses enfants, l'agglomération de Béziers Méditerranée participe à leur mise en lumière, accueillant leurs œuvres dans les musées ou soulignant leur singularité lors des nombreuses expositions programmées.

Dans les pas de Jean-Antoine Injalbert

Né à Béziers le 23 février 1845, Jean-Antoine Injalbert y passe toute son enfance puis entre aux Beaux-Arts de Paris. Ses sculptures sont alors pétries d'influences italiennes et françaises. Élève d'Auguste Dumont, son art néo-baroque lui vaudra le Prix de Rome en 1874 pour son œuvre *La Douleur d'Orphée*. Sa créativité est florissante, et son *Buste de Marianne* exécuté en 1889 pour célébrer le Centenaire de la Révolution Française, sera la figure la plus répandue dans les mairies et les écoles françaises du début du XXe siècle. S'il travailla dans son atelier parisien, cet enfant du pays aimait à venir dans son atelier de la Villa Antonine, son ancienne résidence d'été à Béziers. Suivons le parcours proposé par l'Office de Tourisme Béziers Méditerranée pour appréhender les œuvres que le sculpteur a offert à sa cité biterroise. Comme de nombreux artistes de son époque, Jean-Antoine Injalbert a une prédilection pour les sujets mythologiques. Béziers ayant construit sa richesse à la fin du XIXe siècle grâce à la viticulture, c'est tout naturellement que l'artiste sculpta plusieurs *Bacchante au biniou*. Son œuvre de la place des Bons Amis aurait dû orner le jardin du sculpteur à Paris. Une autre bacchante se tient à l'Hôtel Fayet. Plusieurs esquisses de cette œuvre furent réalisées avant la sculpture finale, en marbre, aujourd'hui exposée au Musée d'Orsay. Sur la place de la Révolution se dresse le *Monument à Casimir Péret et aux victimes du coup d'État du 2 décembre 1851*. Réalisé à l'initiative d'Antoine Moulin, père de Jean Moulin, ce monument relate la déportation à Cayenne de l'ancien maire de Béziers et l'insurrection républicaine menée par la population de la cité contre le coup d'État de Napoléon III. L'Hôtel de ville de Béziers abrite, le *Faune ivre* dont le visage béat et le corps titubant révèlent son état ! Un travail sur la représentation du corps humain dont Injalbert, enseignant à l'École des Beaux-Arts de Paris, maîtrise tous les aspects. Le Plateau des Poètes est le jardin public de Béziers où les artistes viennent chercher l'inspiration. En 1901, Injalbert offre à la ville le buste en marbre de Maffre Ermengaud, célèbre troubadour biterrois. Son désir étant de créer une campagne d'ornementation du jardin avec les bustes d'illustres personnalités. Aussi, dès 1902, les bustes de Jean Pons, Guillaume Viennet, Joseph Rosier et Victor Hugo rejoignent celui du moine troubadour. De toutes ses œuvres, la *Fontaine du Titan* est la plus célèbre. Installée au Plateau des Poètes, cette œuvre monumentale de 17 mètres de haut fut inaugurée en 1893. Faite en marbre de Carrare et en bronze, on y voit Atlas, en bronze, reposant sur un attelage de chevaux marins conduits par deux enfants joueurs ; l'ensemble surmonte une grotte artificielle dont l'entrée est marquée par un atlante et une cariatide. La ville de Béziers fit appel à Jean-Antoine Injalbert en

Fontaine du Titan.

© J-P DEGAS

Musée Fayet.

1920 pour réaliser le monument aux morts de la cité. Si l'artiste réalisa huit de ces monuments dans le sud de la France, celui de Béziers est le plus complexe, avec une foultitude de détails et d'émotions. Avant de mourir, l'artiste décide de donner à la ville qui l'a vu naître, les fonds de son atelier parisien. En 1934, c'est Louise Injalbert, veuve du sculpteur qui fera don à Béziers de près de mille six cents sculptures du maître.

Le Cimetière Vieux

Ouvert en 1812, le Cimetière Vieux est aménagé en jardin méditerranéen, avec des terrasses plantées de cyprès. L'implantation de ce nouveau cimetière en dehors de la ville découle du décret napoléonien de 1804 imposant aux villes et villages d'effectuer les inhumations sur des terrains réservés à cet effet et distants de minimum 40 mètres de toute habitation. Celui que l'on appelle aujourd'hui le « Père Lachaise biterrois » se déploie sur pas moins de 5 ha. Historiquement, l'ouverture de ce lieu coïncide avec l'âge d'or de la viticulture et donc l'enrichissement conséquent de la population biterroise. Un détail qui a toute son importance quand on passe le seuil du cimetière. Désirant marquer leur séjour dans l'au-delà de la plus luxueuse des façons, les Biterrois fortunés font appel à des architectes, entrepreneurs, artistes et décorateurs pour ériger leurs sépultures avec autant de panache qu'il avait été mis dans la construction de leurs hôtels particuliers.

C'est ainsi un véritable musée à ciel ouvert que nous offrent les allées du Cimetière Vieux. Les plus grands artistes biterrois ont sculpté des œuvres d'art ornementales et symboliques. On trouve les œuvres de Jean-Antoine Injalbert (qui d'ailleurs a lui-même sculpté son tombeau), de Jean-Marie Joseph Magrou, (élève d'Injalbert, ses œuvres se retrouvent aussi dans le parc de la Villa Guy à Béziers), Louis Paul (ancien conservateur du Musée des Beaux-Arts de Béziers de 1905 à 1920), ou encore celles de Jacques Villeneuve (également élève d'Injalbert). L'ensemble de ces tombes remarquables a été répertorié sur un dépliant, disponible à l'Office de Tourisme de Béziers Méditerranée, pour vous permettre d'admirer ces œuvres, tout en respectant les lieux.

L'art du XVe au XXIe siècle

Béziers regorge de pépites, tant picturales que sculpturales, et il est aujourd'hui primordial de présenter au public une offre muséale cohérente, soulignant la richesse des divers mouvements artistiques qui ponctuent les siècles. C'est pourquoi le projet de récréation d'un « Musées de Béziers » a vu le jour : à l'horizon 2027, au sein de l'ancien palais épiscopal adossé à la cathédrale, ce musée, ancré dans le nouveau siècle, présentera les plus belles œuvres que comptent les collections de la ville. L'Hôtel Fayet, quant à lui, reste ouvert au public, et met en lumière un ensemble de peintures du XIXe siècle, allant du romantisme aux peintres plus académiques de la IIIe République, avec des œuvres de Delacroix, Géricault ou Cabanel. L'art contemporain lui se rencontre à Sérignan où le musée régional d'art contemporain expose des collections des années 60 à nos jours. Peintures, dessins, photographies... mettent l'accent sur l'art abstrait, l'art conceptuel et la figuration narrative. Signalons aussi le travail du plasticien Daniel Buren, *Rayonnant*, qui structure l'espace urbain de ses 170 poteaux en inox à l'entrée de la ville. Une œuvre singulière, à l'image des créations d'Alain Fornells au Musée des meubles modestes de Bassan. A partir de matériaux détournés, l'artiste donne vie, poésie et émotion à de petits meubles modestement charmants.

TOP 10

ŒUVRES D'ART

De la petite esquisse à l'œuvre monumentale, du XVIIe siècle à l'époque contemporaine, les œuvres d'art ont de tous temps fleuri au cœur de Béziers Méditerranée. Les terres seraient-elles propices à l'inspiration ou bien seraient-elles un creuset d'artistes ? Et bien « les deux mon capitaine » !

JEAN MOULIN DESSINATEUR

Jean Moulin croquait ses contemporains et signait du pseudonyme *Romanin* ses œuvres, aujourd'hui au Musée des Beaux-Arts.

TROMPE-L'ŒIL DE BÉZIERS

Revivez l'histoire de Béziers au travers du circuit des 16 fresques murales parsemées dans la ville.

© MBP

JACQUES VILLENEUVE

Formé par Injalbert, il sculpta le monument aux morts de Bassan, hommage poignant transcrit dans le bronze.

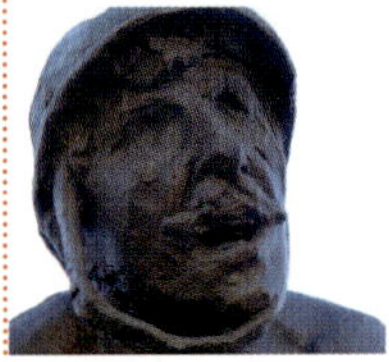

© MBP

« RAYONNANT », ŒUVRE DE DANIEL BUREN

L'œuvre monumentale déploie 170 pylônes ajourés pour guider le regard du visiteur.

© M. SAILLET

FONTAINE DU TITAN

Dans le jardin du Plateau des Poètes, cette œuvre monumentale est celle de Jean-Antoine Injalbert.

© KARINE GRÉGOIRE

CIMETIÈRE VIEUX

Ce « Père Lachaise » biterrois enracine ses tombes remarquables sur des terrasses plantées de cyprès.

© AMÉLIE FIRMIN

EX-VOTO

Dans la chapelle des Pénitents bleus, une maquette du XVIIIe siècle, de la canonnière qui protégeait les côtes biterroises.

© FABRICE GORRY

JEAN MAGROU : SÉPULTURE CADELARD

Élève d'Injalbert, ses sculptures pétries d'émotions ornent notamment les sépultures du Cimetière Vieux.

© KARINE GRÉGOIRE

COLLECTIONS DU MUSÉE DES BEAUX-ARTS

Joyau architectural, l'Hôtel Fayet présente un fabuleux ensemble des mouvements picturaux du XIXe siècle.

© DR

MARIE CAUFFOPE, L'ARLÉSIENNE

L'Arlésienne est en fait Biterroise et habitait la maison où, aujourd'hui, une fresque murale la représente.

© MBP

MUSIQUES ET SCÈNES

Aux quatre coins du territoire, les traditions locales se célèbrent avec enthousiasme, et la culture se danse. Sur scène ou dans les rues, en habits traditionnels ou non, c'est toujours avec passion que les habitants transmettent ces traditions : par leurs gestes, par leurs écrits, par leurs talents, ils vous touchent et vous émeuvent. Un folklore riche et coloré anime villes et villages du Biterrois. Mais les représentations ne se font pas seulement dans les rues. L'agglomération de Béziers Méditerranée possède théâtres et salles de spectacle où les arts sont mis en lumière. Des représentations ouvrent les esprits, transcendent les pensées et font vibrer les âmes, ici au rythme d'un concert, là à la mélancolie d'une tirade, ou encore aux mouvements chorégraphiés d'une danse moderne. Cette richesse artistique dont les spectacles, tantôt intimistes, tantôt à plus large portée, embrasse tous les publics au cours de l'année.

Musique et chant

Il n'y a pas que les cigales qui chantent ici ! La très renommée cantatrice Lucyle Panis était une enfant du pays. Née à Sérignan en 1886, Lucyle se fait très tôt remarquer par son organe vocal développé. Sa voix de soprano s'affirme au point que le chanoine Tarniquet veut la former au chant religieux. Dès l'âge de 14 ans, Lucyle, qui a déménagé avec sa famille à Saint-Denis (Seine-Saint-Denis), est formée au chant lyrique. À 21 ans, alors premier prix du conservatoire de Paris, elle entre à l'Opéra Garnier où elle débuta, le 13 janvier 1911, dans le rôle d'Elizabeth dans *Tannhäuser* de Wagner. « La Panis », comme elle était surnommée, fit carrière en chantant les plus grands rôles dans *Aïda*, *Les Huguenots*, *Faust*, *La Tosca*... en particulier au Théâtre des Arènes de Béziers, dans *Les Esclaves*. Sa voix demeure aujourd'hui éternelle dans ce titre populaire de 1908, *Frou-Frou*, repris dans de nombreux films dont *La Grande Illusion* en 1937, avec Jean Gabin et Dita Parlo. Côté musique, Béziers s'illustre par son orchestre, la Lyre Biterroise. Fondée en 1867 par Étienne Cazals, l'orchestre a plus de cent cinquante ans d'histoire musicale. L'orchestre participe ainsi à la vie culturelle biterroise et, durant son histoire, plusieurs chefs d'orchestre et présidents se sont succédé. Beaucoup plus récent (il a été créé en 2019), l'orchestre symphonique Béziers Méditerranée, émanation du Conservatoire de l'Agglomération, prend maintenant son envol ! Mentionnons aussi l'illustre mécène biterrois Castelbon de Beauxhostes et Camille Saint-Saëns, célèbre compositeur de la tragédie lyrique *Déjanire* qu'il joua en 1898 au Théâtre des Arènes de Béziers. Aujourd'hui dirigée par Victor Madrènes, la formation de plus de soixante musiciens est désormais l'orchestre officiel des arènes de Béziers. Enfin, on ne peut parler de musique sans faire allusion aux fêtes languedociennes durant lesquelles les animaux totémiques viennent saluer les foules de leurs imposantes carrures. Durant ces défilés, les instruments à vent sont particulièrement prisés, accentuant de leurs sons enjoués la cadence des déambulations. Le plus connu de ces instruments est le hautbois languedocien, souvent présent également lors des joutes, et dont le son particulier nous devient vite familier. Un autre instrument typique du territoire est le fifre. Sorte de petite flûte traversière proche du piccolo, cet instrument à la sonorité aiguë est largement utilisé dans les musiques folkloriques occitanes et catalanes.

Les danses locales

Mais à Béziers Méditerranée, on danse aussi au son des hautbois, des accordéons, vielle à roues, tambours et cornemuse : ces instruments accompagnent les danses biterro-languedociennes (et leur mémoire) entretenues et diffusées par la troupe de « la farandole biterroise ». Les danseurs en costume biterrois se lancent joyeusement dans « la danse des treilles » (datant du XVIe siècle), la « danse du chevalet » (XIIIe siècle) ou encore la "danse des rubans » (1838). Lors de la féria de Béziers, ou à l'occasion d'autres rassemblements taurins, il n'est pas rare également d'observer la beauté du flamenco et la délicatesse de la sévillane. Ces danses traditionnelles originaires d'Espagne ont naturellement trouvé leur place en terres biterroises et animent les rues. Pour les différencier, rien de plus simple. Le flamenco se danse seul et s'accompagne de claquements vifs de mains et de pieds pour dégager une certaine émotion. La sévillane quant à elle est plus joyeuse et se danse à deux, en cercle ou en groupe. Notez que le flamenco, à Béziers, a son festival : durant le mois de mars, la ville célèbre cet art et reçoit les plus célèbres danseuses et danseurs de flamenco.

© C FEMENIAS

Sévillane lors de la Féria de Béziers.

Théâtres et salles de spectacle

Si les artistes contemporains font vibrer avec talent les salles de spectacle du Biterrois, il est un personnage qui, à l'évocation seule de son nom, est synonyme de théâtre : Molière. Après des débuts périlleux à la capitale, Jean-Baptiste Poquelin et sa troupe, L'Illustre Théâtre, se lancèrent dans une aventure provinciale afin de faire leurs premières armes. Entre 1647 et 1657, les artistes sillonnent ainsi les terres languedociennes, faisant de multiples rencontres qui leur permirent d'observer les mœurs de l'époque et de glaner us et coutumes, petites histoires de tous les jours qui vinrent enrichir les dialogues des pièces de l'auteur. Au cours de leur voyage, Molière et sa troupe font halte à Béziers. C'est ici que le 16 décembre 1656 Molière met en scène la première de sa première pièce *Le Dépit amoureux*. Pour l'anecdote, au 9 avenue Alphonse Mas, à Béziers, sont représentés en trompe-l'œil Molière et sa troupe d'acteurs jouant ladite pièce. Le Théâtre municipal de Béziers célèbrera d'ailleurs les quatre cents ans de la naissance de Molière en 2022 en consacrant une partie notable de sa programmation aux pièces de l'artiste. L'agglomération Béziers Méditerranée peut se targuer d'avoir la jouissance de quatre théâtres dont les programmations se complètent, donnant ainsi la possibilité au public de diversifier ses choix de spectacles. Si le Théâtre municipal marque sa différence par le patrimoine architectural qu'il représente – une salle à l'italienne du milieu du XIXe siècle –, Valras-Plage joue la singularité avec son Théâtre de la Mer. Dans un cadre superbe entre la plage et le port, ce théâtre de plein air offre une large scène et des places assises en amphithéâtre. Il est le lieu de spectacles incontournables des programmations estivales à Valras. Les événements culturels ont ici un bel avenir devant eux : danse, chant, chanson, musique classique, concerts, ciné-théâtre, spectacles de clowns, contes chorégraphiés, conférences et spectacles pour le jeune public, l'offre est riche et variée et trouve à s'inscrire facilement dans une des salles de spectacle de l'agglomération. De la Scène départementale de Bayssan à La Cigalière à Sérignan en passant par les Arènes de Béziers, du palais des Congrès à Zinga-Zanga, salle contemporaine aux portes de Béziers, les artistes peuvent ici exprimer leurs talents, et la diversité des installations permet d'accueillir toutes les formes de représentations. Dans des cadres intimistes, des salles plus grandioses ou des lieux chargés d'histoire, le public se tient toujours curieux et ravi de pouvoir participer et contempler la richesse artistique de ce territoire pétri d'art et de culture.

LITTÉRATURE

Venus d'univers variés et d'époques distinctes, les auteurs du Biterrois se rejoignent dans l'amour du mot, l'emploi du verbe et leur verve débordante. Leurs plumes, bien que différentes, trouvent l'inspiration dans les tréfonds du Languedoc, dans le quotidien de ces hommes et de ces femmes de la région, dans les traditions ; c'est une ode à la vie d'ici. Héritière des troubadours et des conteurs, la littérature occitane a évolué au fil des époques, et les auteurs, entre climats politiques divergents et revers historiques, ont su profiter de ces événements pour enrichir leurs écrits. En occitan, en catalan ou en français, ils partagent avec nous leurs émotions à travers leur talent d'écriture, publiant des œuvres avec lesquelles ils ont acquis une belle notoriété, faisant de la littérature du Languedoc une référence dans le monde littéraire. Poésie, romans, essais ou chroniques, ce sont des présents offerts au patrimoine culturel languedocien.

L'héritage des troubadours

De l'An Mil à environ 1350, les troubadours étaient des poètes occitans qui ont développé l'art du chant courtois. Écrites en langue d'oc commune, leurs œuvres avaient deux thèmes principaux : l'amour, catégorie la plus prestigieuse, et l'actualité, surtout traitée dans des « sirventès », chants contestataires et sans détours visant un ennemi ou pleurant un disparu. Après une apogée au XIIIe siècle, cet art déclina peu à peu au XIVe siècle avec la censure de certains thèmes et notamment les amours infidèles. Si les traces écrites des textes des Xe et XIe siècles sont rares, certaines œuvres de l'âge d'or des troubadours ont été conservées : 400 troubadours nous sont connus, et près de 2 500 textes nous offrent la connaissance de ces poèmes. Parmi ces artistes les plus connus, citons le Biterrois Matfre Ermengaud, dont l'œuvre majeure, *Bréviaire d'amour*, n'est autre qu'une encyclopédie du savoir à l'usage des laïcs, écrite en 34 597 vers.

Les littératures francophones

Les auteurs occitans ont grandement contribué au rayonnement de la littérature française. La majorité d'entre eux a fait le choix de la langue française dès le XVIIe siècle. On remarque d'ailleurs qu'en 1639, quatre ans seulement après la création de l'Académie française dont le but est d'encourager la divulgation de la langue, le Biterrois Jacques Esprit fit son entrée dans l'institution, suivi en 1653 par un autre enfant du pays, Paul Pellisson, historiographe de Louis XIV. La culture occitane est encore très présente chez les auteurs du XXe siècle. C'est notamment le cas pour Marie Rouanet, Biterroise et ancienne enseignante en lettres classiques. Elle consacre la plupart de ses écrits à l'histoire de la culture occitane, à la musique traditionnelle et aux mœurs d'ici et d'ailleurs. Elle a écrit une quarantaine de romans, d'essais et de chroniques, et son ouvrage le plus mémorable reste *Nous les filles*, où l'écrivaine relate les bonheurs et les malheurs d'une fillette née dans les années 1950. Dans un tout autre registre, Bernard Minier s'illustre dans les romans policiers. Contrôleur Principal des Douanes, né à Béziers, il voue une passion certaine à l'écriture. Après avoir écrit plusieurs nouvelles, il publie en 2011 son premier roman, *Glacé*, qui connaît un franc succès. Traduit en vingt-deux langues, il reçoit le grand prix du Polar de Cognac, et son œuvre est adaptée à la télévision en 2017 par M6. Soulignons également les ouvrages de Michel Piquemal et Alexandre Sanchez, deux Biterrois dont la plume féconde enchante la littérature jeunesse pour l'un, avec entre autre son roman *L'éléphante qui chantait la pluie*, et le monde de la science-fiction pour l'autre avec sa saga *Imaginary Rebirth*.

Matfre Ermengaud.

QUE RAPPORTER ?

C'est un fait, après chaque séjour on est toujours tenté de rapporter dans nos valises un petit bout de ce territoire qui nous a tant plu. Les gourmandises ont largement les faveurs du public : elles sont en effet les témoins d'un savoir-faire, d'une culture locale, et à leur dégustation, elles réveillent des souvenirs indescriptibles. Les achats gourmands, qu'ils soient salés ou sucrés, arriveront toujours à retranscrire le soleil, les embruns, la nature et la générosité du territoire biterrois. Des produits frais aux spécialités sucrées, en passant par le vignoble bimillénaire, les idées, dans ce territoire d'exception, ne manquent pas ! Si vous préférez rapporter des présents moins éphémères, laissez-vous guider par les boutiques des offices de tourisme, mais aussi leurs conseils sur l'artisanat local. Terres de traditions, vous emporterez avec vous le talent de ses enfants, et un peu d'histoire du pays.

L'olive lucques

Cette olive du Languedoc est le produit phare à rapporter. Facilement reconnaissable avec sa forme en croissant de lune, la Lucques verte est la variété emblématique du terroir. Elle bénéficie d'une AOP lucques du Languedoc depuis 2017. Ce diamant vert est une olive indigène, plus particulièrement dans le triangle formé par Béziers, Narbonne et Clermont-l'Hérault. Sa chair craquante et ses arômes subtils d'avocat beurré font d'elle la reine des olives de table. En tapenade sur un toast grillé frotté à l'ail, ou en pâte d'olives pour farcir volailles et poissons, l'olive lucques fait le bonheur des papilles. Si vous préférez rapporter de l'huile, choisissez une huile faite à partir de picholine, l'amertume et le piquant léger de cette olive relèvera les saveurs de vos plats.

Fromages et jambons

Pour accompagner ces vins et souligner la finesse de leurs arômes, rien de plus naturel qu'un plateau généreusement garni de fromages, de tranches de jambons rares et de salaisons d'exception ! Ce guide vous fournira les adresses des meilleures épiceries fines où vous pourrez faire votre marché. Ces établissements offrent ainsi une sélection de fromages au lait cru de tradition fermière et artisanale, avec notamment des spécialités venues de toute l'Occitanie. Les petits producteurs sont très largement mis à l'honneur, et les laits de chèvre, de brebis et de vache se partagent les étals. On ramènera dans notre escarcelle du Bethmale de chèvre, de la Tome de brebis, du Cabri d'Oc ou encore du Rocaillou des Cabasses. Laissez-vous tenter par le Coulommiers Truffé,

Bouteilles de vin de la région.

une savoureuse spécialité fabriquée par la fromagerie du Chai du Languedoc à Béziers. Vendus à la coupe, à l'os, entier ou en mandoline, les jambons sont des produits d'exception au caractère prononcé : on retrouvera du jambon Noir de Bigorre, pour le côté occitan, et du Jambon de Bellota, par exemple, Pata Negra 100% Ibérico, pour la proximité avec l'Espagne, à découvrir aux Halles de Béziers, à la Maison Ibérique.

Les vins

Impossible de repartir chez vous sans un souvenir embouteillé du vignoble biterrois. Vous avez apprécié les œnorandos et participé avec délice aux jeudis de Béziers, vous avez rencontré les vignerons et dégusté leurs cuvées, faites-en profiter votre entourage en rapportant l'une des cinq appellations qu'offre cette aire géographique labellisée « Vignobles et découvertes ». IGP côtes-de-thongue, IGP coteaux-de-béziers, IGP coteaux-d'ensérune, IGP pays-d'oc et AOC coteaux-du-languedoc-terrasses-de-béziers offrent une mosaïque de saveurs contrastées. Ces caractères différents illustrent la richesse du terroir et sa subtile complexité. Rendez-vous dans les domaines, dans les caves coopératives ou chez les cavistes : ces professionnels vous aideront à trouver votre bonheur.

Les spécialités sucrées

On dit souvent que le sucre sait flatter les papilles... Cela se vérifie avec les gourmandises sucrées savamment élaborées par des artisans passionnés par la transmission du goût et des traditions. Le pavé aux figues de la maison Garcia à Sérignan est une institution. Initialement créée comme gâteau de voyage, cette spécialité familiale retrouve sa nature première : servir de souvenir gourmand. Une confiture de figues maison enveloppée dans un pain de Gênes constitue cette gourmandise dont il est difficile de ne pas raffoler. Ce pavé doré à souhait se déguste en portion individuelle ou dans un format plus généreux pour six gourmands. Quand les légendes locales servent d'inspiration, vos palais d'épicuriens ne peuvent qu'apprécier. Les coques de Saint-Aphrodise sont ainsi intimement liées à la légende du saint. Petit rappel : venu d'Égypte avec son chameau pour évangéliser la ville, saint Aphrodise fut décapité par les Romains. Sa tête dans les mains, il se réfugia dans la grotte qui lui servait d'abri. Son chameau fut recueilli par une famille de potiers biterroise. À la mort de l'animal, leur maison fut vendue et l'argent utilisé par les consuls de Béziers pour acheter du pain et le distribuer aux pauvres lors des « Caritats » organisées à la Pentecôte. Aujourd'hui, une brioche moelleuse, aux notes d'agrumes ou de fleur d'oranger, remplace le

© GILLES DESCHAMPS

Huile d'olive.

pain béni. Vous trouverez notamment cette spécialité biterroise chez la maison Rolland Père et Fils.

Les beaux objets

Outre les produits gourmands, pensez à ramener de jolis objets de cette destination ensoleillée. Vous trouverez pléthore de cartes postales qui vous rappelleront les plus beaux endroits visités, mais pour enrichir votre connaissance du territoire, nous vous conseillons les livres et guides proposés notamment dans les boutiques des offices de tourisme de Béziers Méditerranée. Il y a des ouvrages pour tout le monde : des romans, de beaux livres sur l'histoire du Canal du Midi, des recueils de photographies, et pour les plus jeunes, des coloriages et des livres permettant aux petits d'apprendre tout en s'amusant. Complétez votre malle aux souvenirs avec des articles identitaires : que vous soyez à Valras-Plage, à Béziers, aux Orpellières ou aux 9 écluses de Fonseranes, vous trouverez dans les boutiques des offices de tourisme, des articles aux couleurs de votre destination préférée. À la Maison du Site des Orpellières, vous trouverez notamment des objets inspirés de la faune et de la flore locale, comme de jolies gourdes très design, des mugs ou encore des sacs de plage floqués. Les artisans locaux sont aussi mis en avant dans ces boutiques, et vous aurez le choix entre des savons, des bijoux ou encore des bougies artisanales. La richesse de la destination se rencontre aussi dans ces souvenirs !

SPORTS ET LOISIRS

Par ses paysages variés et la douceur méditerranéenne soufflant sur le territoire, Béziers Méditerranée se prête à de multiples activités de plein air, quelle que soit la saison. Que vous soyez pratiquants ou spectateurs, il y a de quoi vivre votre passion et ressentir la ferveur méridionale qui encense les tournois et les rencontres sportives locales. Partez explorer les terres, à pied ou à vélo, et découvrez la splendeur des paysages qui vous entourent : des circuits et itinéraires adaptés à tous les niveaux permettent de sillonner l'ensemble du territoire selon diverses thématiques. Imprégnez-vous des traditions en vibrant dans les arènes ou sur les eaux du canal du Midi. Et ne manquez surtout pas de participer à une rencontre du sport national biterrois, le rugby. Sans vous en apercevoir, vous serez emportés par un élan d'encouragements telle une déferlante qui dévale sur la côte. Les expériences se vivent ici, à Béziers Méditerranée.

Les randonnées pédestres et les itinéraires VTT

Pour celles et ceux qui aiment les balades au grand air, en toute tranquillité, l'Office de Tourisme Communautaire Béziers Méditerranée a élaboré 5 circuits de randonnées pédestres. Ce sont ainsi près de 90 km de boucles balisées qui sont à votre disposition pour découvrir le territoire, ses paysages et la diversité de sa faune et de sa flore. Enfilez vos chaussures de randonnée, pensez à remplir d'eau votre gourde, à vos lunettes de soleil et à la crème solaire, et arpentez les chemins à la découverte des vignobles, du littoral, du Canal du Midi ou encore des splendeurs cachées de la ville de Béziers. De difficulté très facile à moyenne, tous ces circuits sont déclinés en brochures imprimées, disponibles dans les bureaux d'information touristique de Béziers Méditerranée ou consultables sur le site de Visorando. Pour ce qui est des itinéraires VTT, le territoire compte plus de 200 km de circuits VTT répartis en 11 boucles pour rouler en famille ou entre amis dans les vignes, sur les chemins de halage, au bord des étangs et à la découverte des villages. Une carte des itinéraires VTT « Tous en rando avec l'Agglo ! » est disponible auprès des bureaux d'information touristique de Béziers Méditerranée : sur cette carte, des QR Codes peuvent être scannés et vous permettent d'obtenir le tracé GPS du circuit correspondant. Pratique ! Vous pouvez également consulter les itinéraires ou les télécharger sur le site www.cirkwi.com. Notez que les circuits sont tous labellisés Fédération Française de Cyclisme. Pour finir, sachez que Béziers Méditerranée est située au carrefour de trois itinéraires cyclables reconnus sur le plan national et européen. L'EuroVélo n°8, la fameuse véloroute méditerranéenne, reliant Athènes à Cadix sur 5 388 km, passe sur les berges du Canal du Midi. Le Canal des deux mers à vélo, connu aussi sous le nom de Véloroute 80, s'étire du bassin de Thau jusqu'à l'estuaire de la Gironde, soit 632 km dont quelques-uns sur les chemins de halage du canal du Midi. Et enfin, la Véloroute 84, reliant Béziers à Montferrand dans le département de l'Aude : cet itinéraire est en partie aménagé notamment avec la voie verte des Hauts Cantons « Passa Païs ».

© J-P DEGAS

Visite guidée des Orpellières.

Les sports traditionnels

Dans ce coin d'Occitanie, la vie est particulièrement marquée par la pratique de plusieurs activités traditionnelles. Certains diront que c'est du folklore, nous vous laisserons seuls juge de la question. Pour autant, ces activités nécessitent endurance, réflexes et agilité. Parmi les activités les plus emblématiques, il y a les joutes languedociennes. Bien connues à Sète,

© KARINE GRÉGOIRE

Trompe l'oeil Aqui es Besièrs.

les joutes de Béziers et de Vias sont les plus occidentales de ces pratiques. Ainsi, sur le Canal du Midi, on peut voir s'affronter deux équipes, les bleus et les rouges. Les règles ne peuvent être plus simples : deux barques (longues de 8 mètres), et leurs solides rameurs (au nombre de 10), servent de « montures » aux lanciers. Ancrés aussi solidement que possible sur la «tintaine», plateforme située en hauteur à l'avant de la barque, les jouteurs sont pourvus d'une lance de bois et d'un pavois, robuste bouclier sur lequel la lance de l'adversaire vient frapper. Au son entraînant des hautbois et des tambours, la joute commence. Le public retient son souffle. Les rameurs activent leurs mouvements, les lances s'abaissent et heurtent ardemment l'adversaire qui, aussi gaillard soit-il, est déséquilibré et finit dans l'eau. Ces tournois traditionnels sont toujours très appréciés du public. L'autre tradition à mentionner est celle de la bouvine, traditions et pratiques sportives autour du taureau. Si la course camarguaise fait son apparition dans les arènes de Béziers, c'est véritablement la féria et ses corridas qui embrasent le cœur des Biterrois. Cette fête populaire, qui se déroule sur plusieurs jours autour du 15 août, attire des milliers de personnes dans les rues de Béziers. Les échoppes colorées, les musiques languedociennes et le flamenco ambiancent la ville, sans oublier les bodegas où chacun vient étancher des soifs diverses et parler du spectacle de tauromachie du jour. Les arènes de Béziers prennent alors des accents sévillans et accueillent les corridas. La passion pour la tauromachie fait partie intégrante de Béziers. Inaugurées en juillet 1897, les arènes, appelées « la plaza de toros », ont vu défiler les plus grands « toreros y matadores », dont récemment Sébastien Castella, la star biterroise de la discipline qui s'est retirée de la profession en 2020 après 20 ans de «toreo».

Terre d'ovalie, mais pas que

« Aquí, Aquí, es Besiers ! », entendez par là « Ici, ici, c'est Béziers ! ». Le message ne peut être plus clair, vous êtes en terres biterroises et les maîtres du jeu sont face à vous ! Résumé succinct certes mais ô combien vérifié sur le terrain. Se définissant comme des gens rugueux, les Biterrois ont cette inclination naturelle pour le rugby, et la ferveur passionnée qui va avec. Entrée dans l'histoire du sport en 1961 avec le titre de Champion de France de Rugby à XV, l'Association Sportive Biterroise, l'ASB, est ainsi le 3e club le plus titré du rugby tricolore. Symbole d'une bataille rondement menée, le bouclier de Brennus a été brandi 11 fois par l'ASB, descendant les allées Paul Riquet tel un rituel de consécration. C'est le « Grand Béziers » des années 70/80 dont les joueurs exceptionnels sont devenus des légendes, sans oublier l'entraîneur Raoul Barrière qui, sans relâche, préparait ses joueurs aux dents longues ! La légende du « Grand Béziers » a ainsi fourni une cinquantaine de joueurs internationaux au rugby français. L'ASBH évolue aujourd'hui en ProD2. L'Avenir Sportif Béziers fait quant à lui la fierté des amateurs de football. Promu en Ligue 2 en 2018, le club évolue aujourd'hui en Nationale 2. Pour finir, comment ne pas parler des Béziers Angels ? Les athlètes du club féminin de volleyball ont été sacrées championnes de France en 2018. Des compétitions de haut niveau pour ces différentes équipes dont l'engouement des supporters fait chaud au cœur.

GASTRONOMIE

Si le Languedoc-Roussillon est un territoire généreux à la gastronomie variée, le Biterrois est un digne représentant de cette cuisine aux accents du Sud. Entre mer et montagnes, les terres baignées par le soleil regorgent de produits faisant la richesse culinaire locale. Vous vous en rendrez compte en vous baladant sur l'un des nombreux marchés que compte l'agglomération Béziers Méditerranée. Les étals offrent autant de couleurs, de parfums, de senteurs et de goûts qui, mêlés aux traditions ancestrales, donnent naissance à une culture des saveurs que les chefs étoilés et autres meilleurs ouvriers de France s'appliquent à nous présenter dans leurs établissements. Des trésors culinaires des plus belles tables de la destination aux ventes directes chez les producteurs, en passant par les épiceries fines, Béziers Méditerranée vous offre une collection de plaisirs pour de savoureux moments de bonheur !

Les marchés et les halles

Pour acheter de bons produits, il faut connaître les meilleurs endroits où se les procurer. Béziers est, comme toutes les villes du sud de la France, une image d'Épinal : la cité a bien évidemment ses marchés où il fait bon flâner et admirer les produits sublimés par l'ambiance. Toute l'année et en toute saison, vous pourrez venir y faire vos courses et repartir avec votre sac-filet rempli de produits du terroir. C'est presque tous les jours, avec les petits marchés de quartier, que la ville est animée ici par le marché aux fleurs, là par le marché paysan ou encore là-bas par le marché bio. Si vous n'avez pas trouvé tout ce qu'il vous fallait, rendez-vous aux halles couvertes de la ville. Ces dernières, en plus de présenter un style Baltard absolument ravissant, sont le rendez-vous des Biterrois : ils viennent y faire leurs emplettes parmi la trentaine de marchands spécialisés dans les produits de bouche, ils y déjeunent et refont le monde tous les matins du mardi au dimanche. Côté mer, ne manquez pas le marché traditionnel de Sérignan ainsi que les marchés de Valras-Plage : les amateurs de poissons, crustacés et fruits de mer seront ravis. Nous vous conseillons aussi d'aller aux halles Marty à Valras-Plage, et particulièrement sur le stand des écaillers où des poissonniers de renom vous offrent le meilleur de la pêche locale. Côté vigne, chaque village a également son marché traditionnel, généralement installé sur la place du village : ici vous attendent les meilleurs produits du cru avec bien souvent de petits producteurs locaux fourmillant d'astuces pour cuisiner les saveurs du terroir.

Les légumes et fruits du soleil

Soumises aux influences méditerranéennes, les terres biterroises réunissent les critères nécessaires à de belles productions de légumes

DÉCOUVRIR

© J-P DEGAS

Marché de Béziers.

et de de fruits gorgés de soleil. Certaines de ces productions sont particulièrement renommées et s'exportent dans toute la France, ainsi qu'à l'étranger. Parmi elles, on peut citer l'une des grandes productions que représente l'olive, symbole incontesté de la cuisine méditerranéenne. Les variétés les plus employées sont bien sûr la picholine, que l'on retrouve dans tout le sud de la France, mais aussi la variété locale, la lucques. Reconnaissable à sa couleur verte foncée, ce fruit légèrement bosselé, en forme de croissant de lune, possède un noyau très petit, une pulpe fine et un goût inimitable. Les amateurs de bons produits apprécieront cette révélation : la ville de Sérignan abrite sur ces terres un maraîcher dont les cultures, toute en bio, offrent quelques produits d'exception. Lionel Vernède cultive en effet des pépites dont l'une d'entre elles se rencontre sur les tables et dans les cuisines de chefs de renom. Il s'agit des asperges qui depuis plus de dix ans font le bonheur d'Alain Ducasse, du Royal Monceau ou encore de l'Élysée. Vous pourrez aussi vous régaler avec ses artichauts et ses carottes fanes. Du côté des arbres fruitiers, les pêches et les abricots ont la faveur de ces terres méridionales.

Les délices de la mer

La pêche sur le littoral biterrois est restée une activité que l'on peut qualifier d'artisanale. Les poissons, les crustacés et les fruits de mer qui peuplent les eaux sont mis en avant sur les étals des poissonniers des halles ou sur les stands des écaillers comme pour ceux situés près de l'office de tourisme de Valras-Plage. Toujours très vivant, le port de Valras-Plage et le quai des Pêcheurs sont d'ailleurs des lieux de balade à privilégier pour s'imprégner de l'art de vivre des travailleurs de la mer. À retrouver sur les étals : le loup, apprécié pour la qualité de sa chair et la finesse de son goût, le muge, aussi appelé mulet, la daurade, le maquereau ou encore la sardine, deux poissons très appréciés en grillade l'été. L'élevage de coquillage (huîtres et moules) se fait essentiellement sur les pôles de conchyliculture que sont l'étang de Thau et celui de Leucate. Pour autant, ces productions arrivent tous les jours chez les poissonniers et les écaillers.

Une cuisine du terroir

Les traditions sont omniprésentes dans la gastronomie d'ici, et les influences méditerranéennes se mêlent harmonieusement aux notes ibériques de leurs voisins espagnols. Pays de mer et de terre, la cuisine du terroir reflète immanquablement ce savoureux mélange d'ingrédients, façonné au fil du temps et des générations, instruit du savoir-faire des pêcheurs, agriculteurs et maraîchers, embelli par les restaurateurs et cultivé par tout un chacun dans

© GILLES DESCHAMPS

Feuilletés aux olives.

un respect perpétuel des traditions. La gastronomie est d'abord celle du peuple : c'est lui qui a su agrémenter ses richesses naturelles du sol et de la mer, faisant naître une cuisine pleine de saveurs, inspirée et toujours créative. Les chefs d'aujourd'hui insufflent ainsi dans leur cuisine ces notes du terroir qui relèvent un plat, donne du caractère à une entrée ou souligne l'authenticité des produits travaillés. La cuisine d'ici est celle des familles : c'est une cuisine que l'on se transmet, c'est une cuisine qui ne cesse de vivre et qui déclenche des souvenirs. Elle se réinterprète bien sûr, mais elle est un héritage, un folklore auquel on tient, auquel on s'attache. Cette cuisine enracine et met les papilles au diapason du terroir.

La recette du ragoût de seiches à la valrasienne

Les ingrédients : 1,5 kg de seiches fraîches, avec les foies. 2 kg de pommes de terre. 400 g d'olives noires. 4 oignons. 1 tête d'ail. 2 cuillères à soupe de concentré de tomate. Huile d'olive. Safran, piment d'Espelette, piment oiseau, sel, poivre.

Nettoyer les seiches. Éplucher les pommes de terre et les couper en gros cubes. Découper les seiches en morceaux, en conservant les tentacules. Dans une cocotte, faire revenir la seiche à l'huile d'olive. Ajouter la moitié de l'ail et de l'oignon émincés. Saler et poivrer. Quand les morceaux prennent une jolie couleur dorée, les réserver. Faire revenir les pommes de terre dans de l'huile d'olive, et y ajouter le reste de l'ail et de l'oignon puis le concentré de tomate. Ajouter les seiches aux tomates. Bien mélanger et recouvrir d'un peu d'eau. Ajouter le bouquet garni, les olives et le piment d'Espelette. Porter à ébullition et réduire à feu doux. Ajouter les foies et le safran. Laisser cuire 30 minutes à feu doux.

DÉCOUVRIR

AGENDA

Venir sur les terres de Béziers Méditerranée et ne pas profiter de la riche programmation de son agenda serait une véritable lacune dans la connaissance des lieux et la manière d'appréhender la culture locale. En effet, Béziers, Sérignan, Valras-Plage sont rythmées par de nombreux événements, manifestations et animations qui fleurissent tout au long de l'année pour le plus grand plaisir des Biterrois, festifs dans l'âme, et des touristes qui d'une part se familiarisent avec les us et coutumes locales, et d'autre part, vibrent en toute saison aux quatre coins du territoire. L'actualité culturelle et artistique de l'agglomération de Béziers Méditerranée est largement diffusée. Il vous sera alors très simple de participer à tel ou tel événement. Des rendez-vous culturels incontournables aux soirées estivales gourmandes en passant par les fêtes traditionnelles, chacun trouvera à se réjouir de cette belle programmation sous le climat méditerranéen.

FERIA DE BÉZIERS

1, avenue Jean-Constans
✆ 04 67 76 13 45
www.feriabeziers.fr
Quatre jours autour du 15 août.

Les arènes de Béziers perpétuent la tradition des novilladas et des corridas depuis leur construction en 1897. Béziers est depuis surnommée la Séville française. Les arènes ont vu toréer les plus grands matadors. La féria de Béziers quant à elle existe depuis 1968. Événement majeur dans le milieu de la tauromachie, c'est surtout une fête populaire incontournable de la région Sud-Est rassemblant chaque année durant 5 jours près d'un million de personnes. Bodegas, spectacles, danse, musique, animations... Laissez-vous emporter par la fièvre espagnole !

FESTIVAL FLAMENCO

BÉZIERS
✆ 04 67 36 82 82
En mars.

Durant le mois de mars, Béziers vibre au rythme du flamenco : chants, danses, bal sévillan, récitals, expositions et conférences animent les lieux culturels de la ville et pimentent s'il en est encore besoin les soirées biterroises. Un festival qui se veut ludique avec des stages de danses, ouverts à tous, pour que le flamenco, et ses ambiances colorées coulent dans les veines de chacun ! Un voyage tout à la fois sonore et visuel qui ravira petits et grands. Un incontournable dans la programmation annuelle de la cité biterroise.

FÊTE DE LA SAINT-PIERRE

VALRAS-PLAGE
www.ville-valrasplage.fr
Fin juin.

Le dernier week-end de juin, la ville rend hommage pendant trois jours aux pêcheurs et marins d'hier et d'aujourd'hui : ils sont à l'origine de la ville et contribuent toujours à son identité. Solidement ancrée dans le cœur des Valrassiens, cette fête donne lieu à des démonstrations et dégustations de la spécialité culinaire locale, le traditionnel ragoût de seiches, à des soirées dansantes, des spectacles déambulatoires, fanfares et peñas, mais surtout, à la cérémonie du souvenir, en mer, avec toute la flotte des pêcheurs de Valras. Une manifestation à voir absolument !

FÊTE DE LA SAINT-APHRODISE

BÉZIERS
Le 28 avril, à partir de 10h.

Tous les ans, les Biterrois se retrouvent le 28 avril pour célébrer leur saint patron, saint Aphrodise, décapité sur ordre des Romains pour avoir voulu évangéliser la cité. Dès 10h, le rassemblement est donné place Saint-Aphrodise où petits et grands se retrouvent pour une multitude d'activités culturelles, ludiques et même gourmandes : c'est en effet l'occasion de déguster les fameuses, et délicieuses, Coques de Saint-Aphrodise. Une fête traditionnelle pleine de convivialité.

LES JEUDIS DE BÉZIERS

Allées Paul Riquet

www.beziers-mediterranee.com

Tous les soirs du 1er juillet à la mi-août (sauf jour de feria) de 19h à minuit. Pass dégustation 5 €.

Ambiance festive et musicale pour cet incontournable des soirées estivales de Béziers. Chaque jeudi soir à partir de 19h les Biterrois se retrouvent sur les allées Paul Riquet pour venir à la rencontre de vignerons et de restaurateurs locaux. Au son de groupes musicaux qui jouent en live, les dégustations de vin se succèdent (avec modération), et les accords gustatifs s'organisent ! Le pass dégustation donne droit à 1 verre sérigraphié, que vous pourrez emporter en souvenir, ainsi que 3 coupons dégustation. Un événement à ne pas manquer !

LES NOCTURNES DES HALLES

Rue Pierre-Paul Riquet

BÉZIERS

Gratuit. Tous les premiers jeudis du mois. 19h-23h.

S'il est un rendez-vous à ne pas manquer, c'est bien celui-ci ! Chaque premier jeudi du mois, les Biterrois se retrouvent aux Halles de Béziers pour un apéro grandeur nature : au menu, dans une ambiance musicale fort sympathique, la dégustation des vins Coteaux de Béziers accompagnée de tapas de chez Baldo et Maria, avec pour les gourmands la tortilla à la truffe, la charcuterie ibérique ou encore les patatas bravas. Ajoutez à cela les pizzas de la Maison Rasteuil et les coquillages de chez Jeanjean Père et fils, et la convivialité est à son summum !

LES MARDIS DE VALRAS

Théâtre de la Mer

VALRAS-PLAGE

Chaque mardi d'été, de 19h à 23h. Pass dégustation 5 €.

C'est un incontournable de l'été ! Que vous soyez ici en vacances, de passage ou habitant de Valras ou des environs, c'est un événement à ne pas manquer. Vous aurez le choix des dates car, comme son nom l'indique, il a lieu tous les mardis. Aucune raison de louper ce moment convivial où vous rencontrerez vignerons et restaurateurs locaux pour découvrir leurs produits. Dans une ambiance musicale, avec la mer en toile de fond, ces rencontres sont un vrai moment de bonheur ! Un verre sérigraphié, à emporter en souvenir, et trois coupons dégustation font partie du pass.

JAZZ SOUS LES ÉTOILES

Maison des Orpellières

SÉRIGNAN

Chaque vendredi d'été de 20h à minuit.

Depuis l'été 2021, un nouveau rendez-vous s'est inscrit dans les habitudes des Biterrois et des touristes. Au cœur du site naturel protégé des Orpellières, à Sérignan-plage, offrez-vous une pause magique tous les vendredis de la saison estivale : en plein air, laissez-vous bercer par un concert de jazz, avec pour toile de fond le soleil qui se couche sur l'horizon, et les étoiles qui se lovent au-dessus de vous. Le coin gourmand de la Maison du Site est accessible durant le concert, pour les petites faims de produits 100 % locaux.

FÊTE DE LA SAINT-ROCH

SÉRIGNAN

Chaque année le 16 août.

La « Saint Roch » est une fête traditionnelle célébrée chaque année le 16 août, en hommage au saint patron de la commune. On dit qu'au XIVe siècle, c'est parce qu'ils ont ardemment prié Saint-Roch que les Sérignanais ont été épargnés par la peste... Et par ailleurs, comme Saint-Roch, patron des pèlerins, figure toujours accompagné de son chien, l'un des moments phares de la fête est la bénédiction des chevaux et autres animaux (domestiques, d'élevage, etc.) par le curé de Sérignan.

FESTIVAL DE LA BD

SÉRIGNAN

En mai

Le festival de la BD est l'un des plus vieux, sinon, le plus vieux festival du département. Depuis 26 ans, tout le «gratin» des dessinateurs et scénaristes de BD se retrouve tout un week-end à Sérignan, pour des séances de dédicace, des ateliers créatifs, des «battles» de dessins, des improvisations graphiques, mais aussi des animations pour les tout-petits à partir de 4 ans. Avec un thème différent chaque année, le festival est aussi l'occasion de décerner le Prix de la ville à un jeune dessinateur pour le meilleur premier album de l'année écoulée.

TOP 10

ANIMAUX TOTÉMIQUES

Terre de traditions où les us puisent leurs origines aux confins de l'Empire romain et du Moyen-Âge, chacune des communes de Béziers Méditerranée possède son animal totémique. Nés des légendes populaires, ce sont les symboles des villages, et leurs effigies de bois et de tissus sont promenées en majesté lors des fêtes votives.

LE CRAPAUD DE BASSAN

On raconte que deux compères cueillaient des figues et qu'en les mangeant l'un d'eux se mit à croasser...

© JF TISSIER

LE CHAMEAU DE BÉZIERS

Monture dévouée de Saint-Aphrodise venu évangélisé Béziers, *Lou Camel* est l'emblème chérie de la ville.

LE MULET DE VALROS

Le mulet à l'image des vignerons de Valros et de ses habitants dont il est l'emblème, est brave et patient.

LA RAINETTE DE LIEURAN-LES-BÉZIERS

En pleine famine, un orage déversa des millions de rainettes, bénédiction salvatrice pour les Lieurannais.

LA LICORNE DE SÉRIGNAN

Un cheval venu d'Italie qui, sous les apparences d'une licorne, veille sur les pêcheurs et les vignerons.

LE CERF DE SERVIAN

Lo Servi sauva, de ses brames tonitruants, le village de Servian des assauts de Simon de Montfort.

L'HIPPOCAMPE DE VALRAS-PLAGE

Choisi par les pêcheurs au début du XXe siècle, le cheval de mer porte bonheur et protège des maladies.

LE POULAIN À ALIGNAN-DU-VENT

Symbole de reconnaissance, le poulain, lors de ses sorties festives, demande l'aumône pour les pauvres.

LE POULPE DE BOUJAN-SUR-LIBRON

Il est dit que les habitants de Boujan furent sauvés de la faim grâce aux poulpes qui peuplaient le Libron.

© JF TISSIER

LA TORTUE DE LIGNAN-SUR-ORB

Au son de la flûte d'un jeune lignanais, les tortues de l'Orb sauvèrent Lignan d'une horde d'envahisseurs.

BÉZIERS MÉDITERRANÉE

Véritable mosaïque de paysages, de terres ensoleillées, et de traditions, Béziers Méditerranée a de nombreux atouts pour séduire les curieux, enchanter les touristes, et enorgueillir ceux qui y habitent. Ancrée dans ses traditions et fière de les faire perpétuer pour les jeunes générations, la destination inspire les artistes, encense les athlètes et dévoile à ceux qui le souhaitent, ses plus beaux trésors du patrimoine. Découvrez son environnement exceptionnel et sa nature préservée, parcourez les sentiers de randonnée à la rencontre des gens d'ici, sillonnez vignobles et villages pittoresques, apprenez son histoire et vivez au rythme de ses festivals, goûtez à sa cuisine méditerranéenne et installez-vous sur ses plages de sable fin et... profitez ! Cette terre de contrastes vous promet des aventures enrichissantes et des émotions vibrantes. Béziers Méditerranée est la promesse de souvenirs inaltérables, et l'envie féroce de revenir.

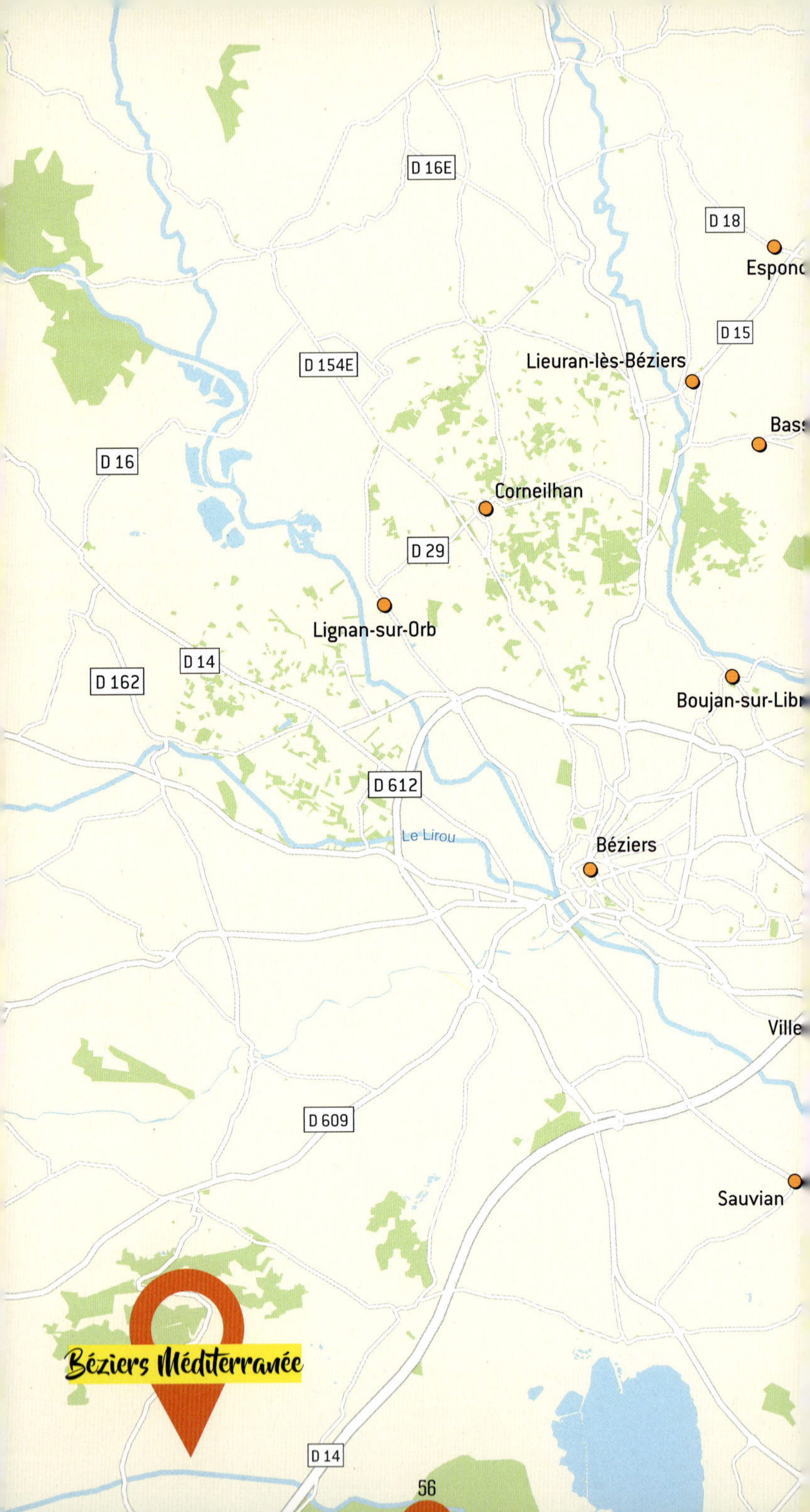
D 16E
D 18
Espond
D 15
Lieuran-lès-Béziers
D 154E
Bass
D 16
Corneilhan
D 29
Lignan-sur-Orb
Boujan-sur-Libr
D 14
D 162
D 612
Le Lirou
Béziers
Ville
D 609
Sauvian
Béziers Méditerranée
D 14

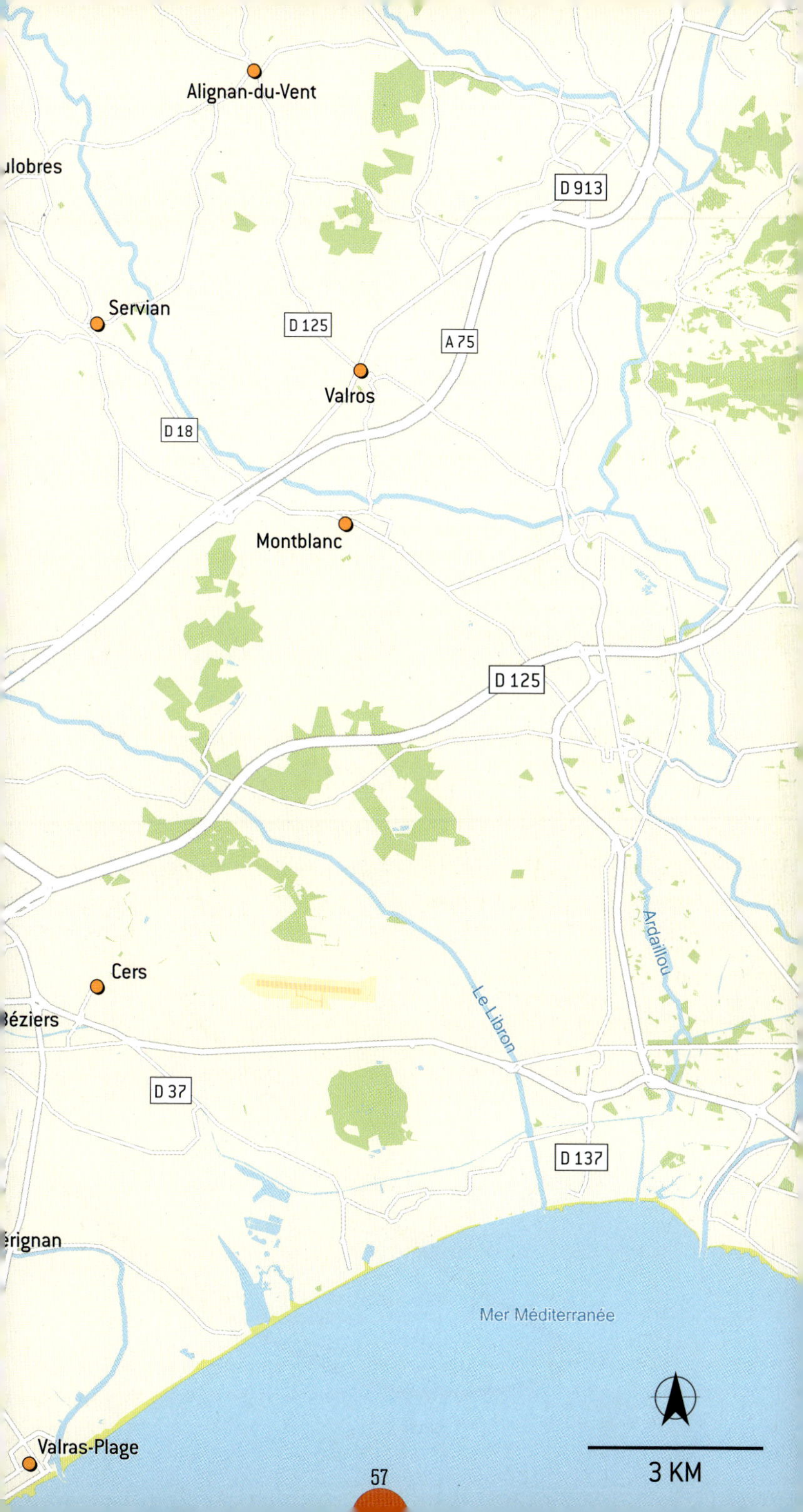
Alignan-du-Vent
ulobres
D 913
Servian
D 125
A 75
Valros
D 18
Montblanc
D 125
Ardaillou
Cers
Béziers
Le Libron
D 37
D 137
érignan
Mer Méditerranée
Valras-Plage
3 KM

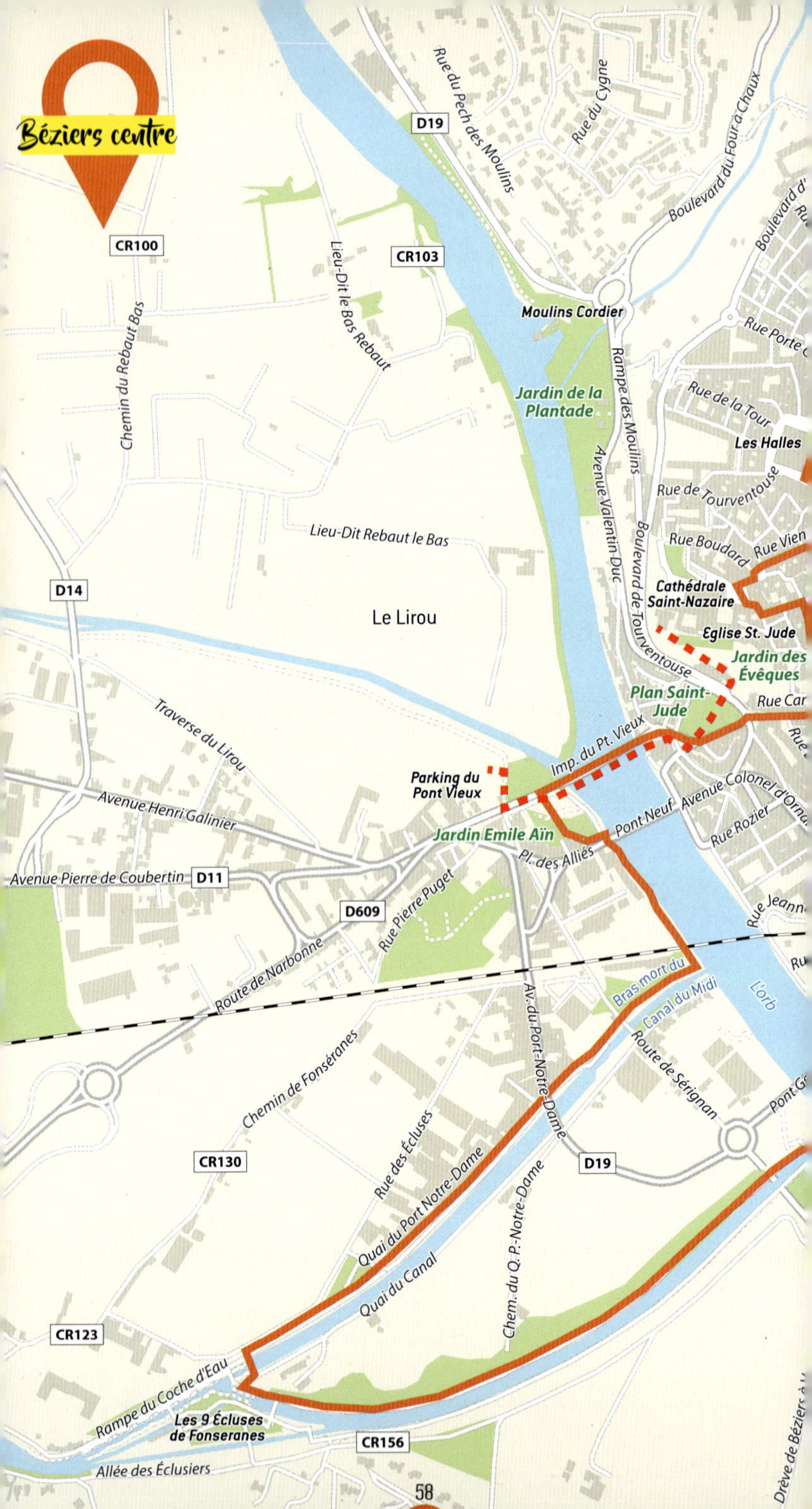

Béziers centre
CR100
D19
CR103
Rue du Pech des Moulins
Rue du Cygne
Boulevard du Four à Chaux
Moulins Cordier
Chemin du Rebaut Bas
Lieu-Dit le Bas Rebaut
Jardin de la Plantade
Rampe des Moulins
Rue de la Tour
Les Halles
Avenue Valentin Duc
Rue de Tourventouse
Rue Boudard
Lieu-Dit Rebaut le Bas
D14
Le Lirou
Boulevard de Tourventouse
Cathédrale Saint-Nazaire
Eglise St. Jude
Jardin des Évêques
Plan Saint-Jude
Traverse du Lirou
Imp. du Pt. Vieux
Parking du Pont Vieux
Avenue Henri Galinier
Pont Neuf
Avenue Colonel d'Ornano
Rue Rozier
Jardin Emile Aïn
Pl. des Alliés
Avenue Pierre de Coubertin
D11
D609
Rue Pierre Puget
Route de Narbonne
Bras mort du Canal du Midi
L'orb
Av. du Port-Notre-Dame
Route de Sérignan
Chemin de Fonséranes
Rue des Écluses
CR130
D19
Quai du Port Notre-Dame
Chem. du Q. P.-Notre-Dame
Quai du Canal
CR123
Rampe du Coche d'Eau
Les 9 Écluses de Fonseranes
CR156
Allée des Éclusiers

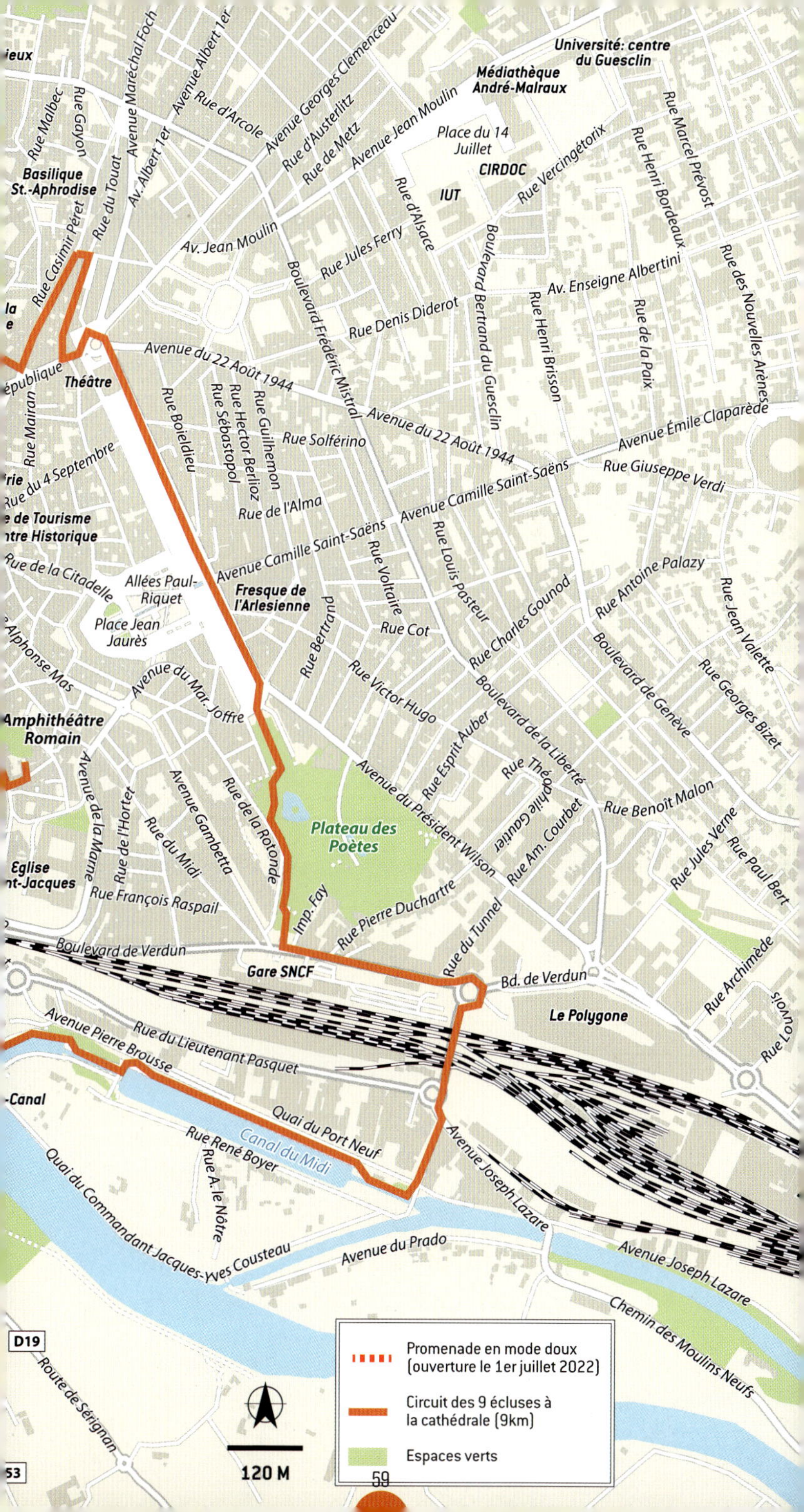

Université: centre du Guesclin
Médiathèque André-Malraux
Place du 14 Juillet
CIRDOC
IUT
Basilique St.-Aphrodise
Théâtre
Allées Paul-Riquet
Place Jean Jaurès
Fresque de l'Arlesienne
Amphithéâtre Romain
Eglise
Plateau des Poètes
Gare SNCF
Le Polygone
Canal du Midi
Rue Malbec
Rue Gayon
Rue du Touat
Avenue Maréchal Foch
Av. Albert 1er
Avenue Albert 1er
Rue d'Arcole
Avenue Georges Clemenceau
Rue d'Austerlitz
Rue de Metz
Avenue Jean Moulin
Av. Jean Moulin
Rue Casimir Péret
Rue d'Alsace
Rue Jules Ferry
Boulevard Frédéric Mistral
Rue Denis Diderot
Boulevard Bertrand du Guesclin
Rue Vercingétorix
Rue Henri Bordeaux
Rue Marcel Prévost
Av. Enseigne Albertini
Rue Henri Brisson
Rue de la Paix
Rue des Nouvelles Arènes
Avenue du 22 Août 1944
Rue Mairan
Rue Boieldieu
Rue Sébastopol
Rue Hector Berlioz
Rue Guilhemon
Rue Solférino
Avenue Émile Claparède
Rue Giuseppe Verdi
Avenue Camille Saint-Saëns
Rue du 4 Septembre
Rue de l'Alma
Rue de la Citadelle
Rue Voltaire
Rue Louis Pasteur
Rue Antoine Palazy
Rue Jean Valette
Rue Cot
Rue Bertrand
Rue Charles Gounod
Boulevard de Genève
Rue Georges Bizet
Alphonse Mas
Avenue du Mar. Joffre
Rue Victor Hugo
Boulevard de la Liberté
Rue Esprit Auber
Rue Théophile Gautier
Avenue du Président Wilson
Rue Benoît Malon
Rue Jules Verne
Rue Paul Bert
Avenue de la Marne
Rue de l'Hortet
Avenue Gambetta
Rue du Midi
Rue de la Rotonde
Rue Am. Courbet
Rue François Raspail
Imp. Fay
Rue Pierre Duchartre
Rue du Tunnel
Boulevard de Verdun
Bd. de Verdun
Rue Archimède
Rue Lorvois
Avenue Pierre Brousse
Rue du Lieutenant Pasquet
Quai du Port Neuf
Rue René Boyer
Rue A. le Nôtre
Avenue Joseph Lazare
Quai du Commandant Jacques-Yves Cousteau
Avenue du Prado
Chemin des Moulins Neufs
D19
Route de Sérignan
120 M
Promenade en mode doux (ouverture le 1er juillet 2022)
Circuit des 9 écluses à la cathédrale (9km)
Espaces verts

PASSEPORT

BÉZIERS

Béziers, fière cité juchée sur son acropole, surplombe la plaine, l'Orb et son prestigieux Canal du Midi, ses vignes et ses oliviers. La belle Biterroise, du plus profond de son passé, a toujours marqué l'Histoire. Cette ville vous surprendra, vous happera, vous plaira, vous n'aurez qu'une envie, c'est la découvrir encore un peu plus au fil de votre séjour. Ici son patrimoine, là sa gastronomie, demain ses panoramas et puis ses hommes et ses femmes qui font l'âme de Béziers. Déambulez dans ses rues médiévales, savourez les spécialités locales, et prenez le temps de vivre sur ses placettes et le long des allées Paul Riquet. Allez à la rencontre de ses vignerons, parcourez ses vignes et dégustez les appellations qui font sa renommée. Et vibrez, à chaque instant, au rythme fou de ses festivals, de sa féria et de ses soirées estivales au cours desquelles vous comprendrez pourquoi Béziers se vit intensément !

Statue de Paul Riquet.

À VOIR / À FAIRE

Béziers est la ville de toutes les richesses, et notre guide vous invite à les découvrir au travers des incontournables de la cité. Labellisée Ville d'Art et d'Histoire, Béziers dévoile ses trésors à chaque coin de rue : soyez curieux et ouvrez l'œil, si les sites majeurs s'affichent à vous, les petits détails parsemés dans Béziers par des siècles d'histoire sont autant de découvertes à inscrire dans le patrimoine biterrois. Rendez visite à ces monuments en déambulant dans les ruelles médiévales de la cité, laissez-vous conter les anecdotes de tel ou tel quartier, appréciez les prouesses architecturales de la cathédrale Saint-Nazaire et Saint-Celse, vibrez devant la beauté des sculptures du Cimetière Vieux, et admirez le spectaculaire ouvrage des 9 écluses de Fonseranes. Du Jardin de la Plantade au Plateau des Poètes, des Halles de Béziers aux Allées Paul Riquet, Béziers ne cessera de vous étonner !

ALLÉES PAUL RIQUET

✆ 04 67 36 82 82

Erigées en 1827 sur le comblement des fossés des anciens remparts de la ville, les Allées sont l'âme de la cité biterroise. Structurées au nord par le théâtre municipal « à l'italienne » et son décor en « bonbonnière », et au sud par l'entrée du Plateau des Poètes, les Allées se parent des jolies façades des bâtiments haussmanniens, et s'animent des étals de fleuristes du marché aux fleurs du vendredi matin. Au milieu, l'imposante statue de Paul Riquet, œuvre du sculpteur David d'Angers, rend hommage à l'architecte et à sa spectaculaire création, le Canal du midi.

LES ARÈNES

1, avenue Jean-Constans

✆ 04 67 76 13 45

www.arenes-beziers.com

Ouverture selon les manifestations.

Avec ses gradins concentriques et sa piste circulaire de plus de 50 mètres de diamètre, l'arène de Béziers constitue un des édifices les plus impressionnants de la ville. Achevée en 1905, elle est aujourd'hui l'un des hauts lieux de la tauromachie en terre languedocienne. Tous les ans autour du 15 août, c'est ici que se réunissent tous les aficionados de la région et la feria bat son plein pendant plusieurs jours. Reconnue pour ses qualités acoustiques, l'arène accueille aussi des concerts et des manifestations culturelles tout au long de l'année.

Arènes de Béziers.

CATHÉDRALE SAINT-NAZAIRE ET SAINT-CELSE ★★

Plan des Albigeois
www.beziers-in-mediterranee.com
Basse saison : ouvert tous les jours de 9h30 à 12h30 et de 14h30 à 17h30. Haute saison : tous les jours de 9h à 19h.

© KARINE GRÉGOIRE

Emblème de Béziers, la cathédrale Saint-Nazaire et Saint-Celse est ancrée sur un promontoire rocheux, dominant la ville et ses environs. L'édifice de style gothique méridional se dresse sur les vestiges d'un temple romain et d'une église romane détruite lors de la Croisade de 1209. Impressionnant par ses volumes, l'édifice abrite des fresques du XIVe siècle, et un splendide buffet d'orgues du XVIIe siècle. Particularité, son cloître, reconstruit au XIVe siècle, n'a jamais été achevé.

BASILIQUE SAINT-APHRODISE

15, rue Gayon
✆ 04 99 41 36 36
Ouverte pour la Saint-Aphrodise, les journées du Patrimoine, et des visites guidées de l'office de tourisme.

Eglise pré-romane du VIIIe siècle, remaniée du XIIe au XIVe siècle, la basilique est construite sur la grotte qui a servi de tombe au saint évangélisateur, patron et premier évêque de Béziers : Aphrodise. La légende raconte qu'après avoir converti la cité au christianisme, il fut décapité sur ordre du gouverneur romain. Aphrodise alla vers la grotte lui servant de tombe, sa tête sous le bras ! Les habitants prirent soin de son chameau qui, à sa mort, devint l'animal totémique de la ville.

ÉCLUSE DE L'ORB ET PORT NEUF

Accès libre toute l'année.

Inaugurée en 1858 en même temps que le Pont-Canal, l'écluse de l'Orb est la plus haute écluse du Canal du Midi. Cette dernière donne accès au Port-Neuf, mis en service après l'abandon du Port Notre-Dame. Le bassin du nouveau port, beaucoup plus grand que le précédent, est entouré vers l'amont par l'écluse d'Orb et vers l'aval par l'écluse de Béziers. La Maison Batelière assure l'amarrage des péniches en escale.

CIMETIÈRE VIEUX ★★

Avenue du Cimetière Vieux
✆ 04 67 31 14 86
Ouvert tous les jours de 8h à 18h. Dépliant de visite disponible à l'office de tourisme.

Le Cimetière Vieux est un peu le Père Lachaise biterrois. Créé en 1812, il tient autant du jardin méditerranéen avec ses pins et ses cyprès, que du musée en plein air. C'est ici que reposent pour l'éternité les grandes familles biterroises, des artistes locaux tels les sculpteurs Jean Antoine Injalbert et Jean Magrou. Tous ont voulu affirmer leur richesse et leur statut social jusque dans la mort. Le Cimetière Vieux révèle de nombreuses œuvres d'art : un temple égyptien, des statues Art déco ou encore des gisants de bronze. Un lieu unique et passionnant à visiter.

ÉGLISE DE LA MADELEINE ★

Place de la Madeleine
✆ 04 67 76 50 80
Ouverte ponctuellement, se renseigner à l'office de tourisme.

Cet édifice des XIe et XIVe siècles a servi de décor à l'un des événements les plus sanglants de Béziers : le massacre de ses habitants en 1209 par l'armée de la «croisade des Albigeois» menée par Simon de Montfort. Il semblerait que la nef et le chœur datent de cette période. L'église a subi de nombreux remaniements au XIVe, notamment la surélévation de son clocher, et au XVIIIe siècle, principalement à cause de sa transformation en fabrique de baïonnettes après la Révolution. En 1999, son style roman lui a été rendu après d'importants travaux.

Péniches sur canal du Midi.

CANAL DU MIDI ★★★

Le canal du Midi relie Toulouse à Sète. Sa construction requit des travaux de grande ampleur entrepris en 1666 par le Biterrois Pierre-Paul Riquet, offrant à la France une nouvelle voie de communication. Aujourd'hui, il s'agit de l'un des plus anciens canaux d'Europe, haut lieu du tourisme, inscrit sur la liste du Patrimoine Mondial de l'Humanité par l'UNESCO. Les neuf écluses de Fonseranes sont également classées. Elles ont contribué à façonner l'identité locale et le paysage, tout en permettant le développement économique de Béziers.

Le moulin Cordier, jardin de la Plantade.

ÉGLISE SAINT-JACQUES

51, Plan Saint-Jacques
✆ 06 98 85 00 97
Ouverte ponctuellement, se renseigner à l'office de tourisme.

Baptisée Saint-Jacques en raison de son emplacement sur le chemin de Compostelle, cette ancienne abbatiale du couvent des Augustins est un bel exemple du second art roman méditerranéen. Remodelé au XIIe siècle, endommagé au XVIIIe, l'édifice a récemment recouvré son identité romane. A l'extérieur, l'abside est remarquable par son équilibre et le raffinement des chapiteaux d'inspiration wisigothique, semblables à un travail de vannerie. De son jardin, on profite d'un sublime panorama sur la plaine de l'Orb et la cathédrale St Nazaire.

LE JARDIN DE LA PLANTADE

Avenue Valentin Duc
✆ 04 67 36 48 79
Ouvert du lundi au samedi de 9h à 12h et de 14h à 18h.

Situé au bord de l'Orb, le Jardin de la plantade sait se faire très agréable dès les premiers rayons de soleil pour de longues balades un brin bucoliques. Si au XIXe siècle les Biterrois venaient lézarder sur les pelouses, canoter ou encore se baigner, il est encore possible aujourd'hui de s'y prélasser et de profiter de la guinguette au bord de l'eau d'avril à septembre. De là, contemplez les moulins Cordiers : ces édifices portent le nom de Jean-Marie Cordier, ingénieur en hydraulique, qui capta les eaux de l'Orb en 1827 pour les élever vers le centre-ville.

LES HALLES DE BÉZIERS

Place Pierre Sémard
Ouverture du mardi au dimanche, 7h-13h30 (15h le dimanche).

Situées à l'emplacement de l'église et du cimetière Saint-Félix, les Halles de Béziers furent érigées en 1891. De type Baltard, elles sont inscrites à l'inventaire supplémentaire des Monuments Historiques, après avoir été rénovées en 1987. Abritant aujourd'hui une vingtaine d'étals de commerçants et de producteurs locaux, les halles sont le rendez-vous incontournable des Biterrois ! Vous trouverez dans notre guide de bonnes adresses parmi ce qui se fait de mieux dans les produits de bouche. Un lieu à fréquenter pour faire ses courses, boire un verre ou déjeuner.

LA MOUCHE

Route de Corneilhan
✆ 04 67 30 63 52
Ouvert du mardi au samedi, de 10h à 13h et de 15h à 19h. Entrée libre.

La Mouche, c'est l'alliance harmonieuse de la nature et de la culture. Implanté entre les oliviers et la vieille pierre, sur le domaine de Pradines le Bas, cet espace dédié à l'art contemporain vise à promouvoir la diversité culturelle au niveau local. Créé par la philanthrope passionnée Francine Buesa, La Mouche est composée de trois salles d'expositions et d'un parc de sculptures. Sur place, dans cet écrin ancestral de la culture languedocienne, on découvre, partage, échange ; c'est un bouillonnement des plus plaisant, une émulation constante.

MUSÉE DE LA VIGNE

Domaine Petit - Chemin rural n°41
✆ 06 84 04 73 70
Accueil des groupes sur réservation.

Ce musée atypique, lové au cœur du Domaine Petit, est «un hommage à tous ces gens qui ont travaillé dur, innové, respecté la terre et à ceux qui y triment encore.» Ce musée de la vigne, installé dans la capitale historique du vin, retrace l'histoire de la viticulture, au travers du matériel de nos ancêtres, soulignant les gestes quotidiens, de la culture à la mise en bouteille. Martial Sans vous fera découvrir les premiers tracteurs qui, s'ils sont définitivement rangés, n'en démarrent pas moins au premier tour de manivelle ! Une visite enrichissante.

MUSÉE TAURIN

7, rue Massol
Fermé de septembre à juin (visites organisées sur rendez-vous). Haute saison : ouvert du mardi au samedi de 12h à 17h

Ville de tradition taurine depuis le XIXe siècle, Béziers se devait d'avoir un lieu consacré à la tauromachie. Ce musée, installé depuis 2015 dans l'ancien couvent des Dominicains, présente une exposition permanente sur la culture taurine. Il rassemble un bon nombre d'objets issus des collections de l'Union taurine biterroise : têtes de « toros », « habits de lumière » légués par de grands toreros, photographies des légendes des arènes biterroises (El Cordobès, Nimeno II, Luis Miguel Dominguin...). Il contient aussi un espace pour les expositions temporaires.

MUSÉE FAYET ★

Rue du Capus
✆ 04 67 49 04 66
Adulte, 3 € (6 € guidée, minimum 8 personnes), réduit, 2 €. Fermé lundi et dimanche en basse saison.

L'Hôtel Fayet renferme près de 1 500 œuvres léguées par le sculpteur Jean-Antoine Injalbert à sa ville natale. Au rez-de-chaussée, vous rencontrerez plusieurs études de l'artiste en terre cuite ou en plâtre, notamment celle qui permit de faire la fontaine du Titan, située au plateau des Poètes. L'hôtel Fayet abrite également une collection de peintures des XIXe et XXe siècles. Le jardin d'hiver accueille des expositions d'artistes contemporains. Après une belle rénovation en 2019, ce musée possède un nouveau parcours culturel tout à fait appréciable.

NEUF ÉCLUSES DE FONSERANES ★★★

Rue du Canal Royal
✆ 04 99 41 36 36
Basse saison : du mercredi au dimanche de 10h à 12h30 et de 13h30 à 17h. Haute saison : tous les jours de 10h à 19h

Les 9 écluses de Fonseranes, véritables merveilles de génie civil uniques au monde, sont un site exceptionnel classé au patrimoine mondial de l'Humanité par l'UNESCO ainsi qu'aux Monuments historiques. Ouvrage majeur du canal du Midi créé par Pierre-Paul Riquet, il comporte huit bassins de forme ovoïde et neuf portes qui permettent de franchir une dénivellation de 21,6 mètres sur une longueur de plus de 300 mètres. Aujourd'hui, seules sept de ces écluses sont encore en service.

Neuf écluses de Fonseranes.

PLATEAU DES POÈTES

Allées Paul Riquet (bas)
✆ 04 99 41 36 36
www.ville-beziers.fr
Accès gratuit. Basse saison : ouvert tous les jours de 7h à 18h. Haute saison : tous les jours de 7h à 20h.

Classé Monument historique, le Plateau des Poètes est un havre de paix de 5 ha implanté en centre-ville. Inauguré en 1867 sur un espace naturel qui servait de promenade aux amants de la ville, le jardin à l'anglaise fut aménagé par les frères Bühler, des paysagistes renommés de la fin du XIXe siècle. Théâtre de verdure, espèces botaniques exotiques, sculptures (dont le Titan en bronze), pièce d'eau : ce parc urbain vaut le détour. Reste qu'il n'a, contrairement à ce que son nom indique, rien de plat ! Ceux qui l'ont arpenté le savent, on descend ou on monte !

LE PONT VIEUX

Avenue du Pont Vieux
✆ 04 99 41 36 36

Classé monument historique depuis 1963, ce «vieux monsieur» résiste aux crues invasives de l'Orb depuis 1134. Jusqu'au milieu du XIXe siècle, le Pont Vieux était le seul passage possible pour enjamber l'Orb et traverser la cité, lors des voyages entre Marseille et Toulouse. «Somptueux et grand édifice» de pierre comme le qualifiaient Charles VII et Louis XI, le pont étire ses 17 arches de taille inégale sur 246 mètres. Sa berge occidentale accueille un amphithéâtre de verdure, ouvrant un beau panorama sur la silhouette massive de la cathédrale.

PONT-CANAL DE L'ORB

Avenue Pierre Brousse
Accès libre toute l'année.

Le pont-canal de l'Orb, également appelé pont-canal de Béziers, est un bel ouvrage permettant le passage du Canal du Midi au-dessus de l'Orb. Sa construction a été lancée en 1854, sous la direction d'Urbain Maguès, responsable des travaux du canal du Midi. Sa mise en service en 1858 a permis d'abandonner la traversée dans le lit de la rivière que devaient effectuer les bateaux. C'est un des plus grands ponts-canaux de l'Hexagone. Il mesure 240 m de long, 28 m de large et 12 m de haut. Il est inscrit au titre des Monuments Historiques depuis 1996.

LE PETIT TRAIN DE BÉZIERS

Départ : les Allées Paul-Riquet ou sur le site des 9 écluses de Fonseranes.
www.lepetittraindebeziers.com
Fermé de novembre à mars. Visite commentée en 9 langues. Adulte : 7,50 €, enfant : 5 €, gratuit pour les moins de 4 ans.

Envie de sillonner la cité biterroise de manière ludique et reposante ? Du printemps à l'automne, le Petit Train vous embarque pour des circuits d'environ 45 minutes. Grâce à ces parcours, vous aurez le plaisir de contempler les monuments de la ville, son centre historique, ses cours d'eau, ses commerces... Les départs s'effectuent depuis les allées Paul Riquet, entre l'Espace Taurin et le théâtre, ou à partir des 9 écluses de Fonseranes, chefs-d'œuvre de la ville.

Pont-canal de l'Orb.

Trompe l'oeil dédié à Camille Saint-Saëns, place St Esprit.

© MBP

LES TROMPE L'OEIL DE BEZIERS

✆ 04 99 41 36 36
www.beziers-in-mediterranee.com/

Boucle pédestre de 2,9 km. Visite guidée, le mardi à 10h30, durant les vacances scolaires (hiver, printemps, été, automne).

Cette boucle permet de découvrir Béziers à travers 16 fresques colorées en trompe-l'œil, soulignant les faits importants de Béziers et mettant à l'honneur les grands hommes de la cité biterroise que sont Jean Moulin, Injalbert, Molière ou encore Camille Saint-Saëns. Citons notamment « La Révolte des vignerons de 1907 », « Les Tonneliers », « L'Arlésienne d'Alphonse Daudet », « Molière et le dépit amoureux ». Une façon ludique de faire un bond dans l'histoire !

SE LOGER

Trouver l'hébergement qui conviendra à vos exigences de confort et de prix, qui répondra à vos attentes en terme de services et de localisation, et qui plaira à tous les membres de la famille, n'est pas chose aisée. C'est pourquoi nous avons procédé à une sélection de plusieurs hébergements pour vous faciliter la tâche. Que vous soyez plutôt hôtel 4 étoiles avec piscine et room service, chambre d'hôte intimiste au cœur de la ville, camping familial ou bien gîte écoresponsable pour être en total indépendance, Béziers regorge de belles adresses qui sauront être le cocon idéal pour un séjour réussi. Cette sélection n'est bien évidemment pas exhaustive et nous vous encourageons vivement à vous renseigner auprès de l'office de tourisme de Béziers Méditerranée et de ses dynamiques collaborateurs pour obtenir des informations et des conseils supplémentaires. Quand vous aurez trouvé la perle rare, profitez pleinement de votre séjour !

AIRE DE STATIONNEMENT DE SAUCLIÈRES

Avenue Fernand Sastre
✆ 07 88 25 78 88
Tarif de 7 € à 12 €. 36 emplacements.

L'aire de stationnement pour camping-cars de Sauclières, à 2 km du centre-ville, est située sur les berges de l'Orb, près du canal du Midi. A disposition sur place 24h/24, une borne pour la vidange des eaux usées et le remplissage en eau potable. Des branchements électriques optionnels complètent les équipements à disposition des 36 emplacements. Un cadre verdoyant, ce qui est à souligner, fort agréable pour passer une nuit sécurisée. Pensez à réserver votre emplacement.

CAMPING CLAIRAC €€

Route de Bessan
✆ 06 11 19 98 13
www.campingclairac.com
Ouvert toute l'année. Emplacement camping-car ou tente 2 personnes : 20 €/nuit. Personne supplémentaire 5 €. Gîtes.

Implanté à quelques minutes de Béziers, au milieu des vignes et des oliviers, ce camping offre la tranquillité et la convivialité nécessaires pour des séjours revitalisants. Niché sur le terrain d'un ancien domaine viticole, il dispose d'emplacements ombragés pour les tentes, caravanes et camping-cars. Parfait pour les campeurs qui souhaitent une certaine intimité lors de leur passage et non vivre sur leurs voisins. L'établissement familial possède du cachet et est doté des services pour être autonome. Comble du bonheur : l'accueil y est simple et chaleureux.

LE CLOS DE MAUSSANNE €€

Route de Pézenas
✆ 04 67 39 31 81
www.leclosdemaussanne.com/
Chambres à partir de 95 € la nuit. Table d'hôte 29 €.

Le Clos de Maussanne se dessine à l'horizon des vignes, au-delà d'une allée fleurant bon la garrigue, ponctuée de deux grands platanes. De cet ancien couvent du XVIIIe siècle, la bâtisse a conservé son imposante majesté. Cinq chambres sont à votre disposition : spacieuses, modernes et lumineuses, elles offrent un confort de qualité. Le jardin et sa piscine attiseront vos envies de détente, et la table d'hôte invitera les saveurs méditerranéennes à flatter vos palais. Le Clos de Maussanne vous permettra aussi d'immortaliser les événements marquants de votre vie.

DOMAINE DE LA GOURGASSE VIEILLE €€

Lieu-dit La Gourgasse-Vieille
✆ 06 03 13 53 59
www.la-gourgasse-vieille.com
4 locations de tourisme pour 2 à 6 personnes. Tarifs complets en ligne.

Ancienne villa vigneronne de caractère, construite sur les berges du canal du Midi, le domaine de la Gourgasse Vieille charme ses hôtes par l'authenticité qui s'en dégage. Nichée au fond d'un magnifique parc arboré, avec une magnifique piscine, la bâtisse languedocienne offre six meublés de tourisme dont la décoration cosy, faite avec beaucoup de goût, souligne le confort. Vous apprécierez ce cadre champêtre et l'accueil chaleureux qui vous sera réservé. Une très belle adresse.

HÔTEL-CAFÉ LE XIX*** €€

19, place Jean-Jaurès ✆ 04 67 48 04 00
www.hoteldixneuf.com

12 chambres. Tarifs chambres : Classique de 95 à 110 €, Confort de 115 à 130 € et Supérieure de 130 à 145 €.

Les lignes élégantes et épurées de cet hôtel citadin viennent épouser les contours de l'ensoleillée place Jean-Jaurès, en plein centre de Béziers. Ouvert depuis 2016, il combine un doux mélange d'Art déco et de design contemporain, ponctué de quelques tableaux du peintre Sébastien Bayet. Le ton est harmonieux de l'accueil aux chambres. Lumineux et convivial, l'ensemble crée un cocon chaleureux et chic. Les douze chambres de cet hôtel offrent d'ailleurs un confort digne d'un trois-étoiles, s'approchant d'un quatre. Un établissement que l'on recommande vivement.

HÔTEL DES POÈTES** €€

80, allées Paul-Riquet
✆ 04 67 76 38 66
www.hoteldespoetes.net

Ouvert toute l'année. Chambre double : 70 €/nuit. Chambre familiale : 90 €/nuit. Petit déjeuner inclus. Parking : 10 €.

Situé sur les allées Paul-Riquet, ce petit hôtel poétique 2 étoiles dispose de quatorze chambres simples mais confortables et bien équipées (télévision, téléphone). Bien qu'au cœur de ville et à seulement 200 m de la gare, elles offrent des nuits calmes et une vue sur le parc des Poètes ou une cour intérieure. Les chambres sont confortables, la décoration est réussie, raffinée sans trop en faire. La propreté des lieux est irréprochable, on se sent bien. Les petits déjeuners sont très agréables et l'accueil très sympathique. Une très bonne adresse.

HÔTEL IMPERATOR*** €€

28, allées Paul-Riquet
✆ 04 67 49 02 25
www.hotel-imperator.fr

Chambre à partir de 75 €.

Situé en plein centre-ville, l'hôtel Imperator reflète, comme dans beaucoup d'autres villes, le charme des hôtels liés à l'expansion du chemin de fer à l'aube du siècle dernier. Derrière son imposante façade au style haussmannien, l'établissement propose de belles chambres parfaitement équipées, à l'allure contemporaine. Un service impeccable, à la hauteur de ses trois étoiles, souligne l'attractivité des lieux. Au départ des célèbres allées Paul Riquet, l'hôtel Imperator est idéal pour déambuler dans les rues de la ville et découvrir son patrimoine.

MAISON DE L'ORB €€

20, Rue de l'Abreuvoir
✆ 04 67 48 67 66

Fermé de novembre à avril. 66 € la nuit.

C'est un sympathique endroit que cette maison posée au bord de l'Orb. Cinq chambres spacieuses et lumineuses, ouvrant sur l'Orb et le pont Vieux, vous accueillent dans cette charmante maison à la décoration éclectique. Un bric-à-brac qui rend les lieux très vivants et pourvoit à leur authenticité. Le magnifique jardin accueillera vos flâneries au bord du fleuve, votre regard pourra s'évader sur l'acropole biterroise, et vos hôtes se feront un plaisir de vous conseiller sur les balades à faire au départ de leurs chambres d'hôte.

VACANCEOLE RÉSIDENCE LE FONSERANE €€

190, rue des Christols
✆ 04 79 75 75 20
www.vacanceole.com

Réservation et tarifs complets en ligne.

Située à l'est de Béziers, dans le parc du château de la Devèze, la résidence Fonserane vous accueille dans ses lignes épurées. Vous poserez vos valises dans un des 104 appartements (dont 81 studios) confortables et lumineux, tous dotés de terrasses avec vue sur le parc centenaire de la résidence. A proximité des arènes de Béziers, de la cathédrale Saint-Nazaire et des écluses de Fonseranes, sur le canal du Midi. Les plages de Sérignan, Vias et Valras sont à quelques kilomètres.

VILLA KUMQUATS €€

16, Avenue Enseigne Albertini
✆ 06 59 53 89 25

À partir de 125 € la nuit. Table d'hôte 60 € sur réservation.

La Villa Kumquats est une chambre d'hôte urbaine mêlant authenticité et art de vivre. Situées en plein centre-ville de Béziers, dans un hôtel particulier du XIXe siècle, les chambres sont un havre de paix, offrant sérénité aux touristes venus trouver en ces lieux une destination atypique et pleine de caractère. Trois chambres avec leurs univers, trois vastes espaces de douceur et de raffinement : « Les Grands Voyages » « Toro » et « Rachmaninov » Vous apprécierez également les petits déjeuners, pris dans le jardin dès les premières douceurs printanières.

VILLA ROSA €€

7, rue Auguste Fabregat
✆ 06 25 25 40 86
www.villa-rosa-beziers.com
Chambres de 69 € à 149 €. Petit-déjeuner 5 €. Animaux 15 €. Table d'hôtes 25 €.

Poussez l'imposante porte verte, et vous serez totalement dépaysés ! Non loin de la cathédrale Saint-Nazaire, la Villa Rosa vous transporte à Séville, à moins que ce ne soit à Venise… Le patio jouera de ses charmes pour vous séduire, et il en faudra peu pour vous convaincre que vous êtes ici dans un écrin de sérénité. Trois chambres spacieuses se feront les nids douillets de votre séjour : Yves et Rosa l'agrémenteront de délicates attentions, tels des moments uniques et précieux dans ce cocon esthétiquement harmonieux. Une adresse à plébisciter chaleureusement.

CABANE DE LUXE DU CLOS SAINT-AMAND €€€

Chemin rural N°144
✆ 06 37 43 85 47
www.cabane-luxe.com
Basse saison : chambre double 235 €. Haute saison : 310 €. Petit déjeuner inclus.

Dans l'environnement naturel du clos Saint-Amand, cette très spacieuse et luxueuse cabane en bois sur pilotis à 3 m de haut, est nichée entre les branches des amandiers. Vous y accédez par une passerelle éclairée de 30 m de long. Dotée d'une baie vitrée à galandage avec vue sur la verdure, elle dispose d'une terrasse, spacieuse et ensoleillée en toutes saisons, sur laquelle est installée un spa chauffé. Pour le dîner, le chef peut vous livrer un repas au choix : « Mer » ou « Terre ».

HÔTEL IN SITU [BOUTIQUE ART HÔTEL]**** €€€

67, avenue du 22-Août ✆ 04 67 80 08 07
www.insituhotel.com
Chambre double à partir de 110 € ; suite à partir de 190 €. Petit déjeuner : 15 €. Piscine, hammam et sauna.

Située dans une rue calme proche des arènes, cette somptueuse maison de maître de la fin XIXe siècle et son imposante sculpture bleue attirent tous les regards. Ses propriétaires, de grands passionnés d'art, ont donné une âme à la bâtisse en associant art contemporain et élégance haussmannienne. A l'intérieur, les 24 chambres sont baignées de lumière et disposent pour la plupart de balcons donnant sur la cour intérieure. Ses deux bâtiments enveloppent un superbe bassin de nage.

HÔTEL MERCURE**** €€€

33, avenue Saint-Saëns
✆ 04 67 00 19 96
www.mercure.com
Ouvert toute l'année. Chambre à partir de 85 €.

Pour ceux qui aiment le confort et la sécurité des hôtels de chaîne, à seulement quelques minutes à pied du vieux Béziers, l'hôtel Mercure présente l'avantage d'être mitoyen du palais des Congrès et de l'office du tourisme. Ses hôtes sont accueillis dans des chambres confortables et lumineuses dont les murs se parent de papier peint retraçant l'épopée du canal du Midi et de ses péniches. L'accueil est chaleureux, et les petits déjeuners suffisamment copieux pour ensuite arpenter les rues de la ville et découvrir ses multiples richesses.

L'HÔTEL PARTICULIER €€€

65 bis, Avenue du 22 Août 1944
✆ 04 67 49 04 47
https://hotelparticulierbeziers.com/
Chambres à partir de 135 €. Petit déjeuner 18 €.

Entre le théâtre et les arènes, L'Hôtel Particulier est une parenthèse à s'offrir. Cette splendide maison de maître au cachet indéniable vous ouvre les portes de ses neuf suites baignées de lumière. Avec un confort incomparable, dans un 4 étoiles, leur décoration sobre et élégante fait écho au service discret mais néanmoins très compétent du personnel. A l'arrière de l'hôtel, vous apprécierez le jardin clos et son couloir de nage où le farniente est de mise. Dans ces prestations d'excellence, le petit déjeuner est servi jusqu'à midi.

LA VILLA GUY €€€

2, rue Guiseppe Verdi
✆ 04 67 35 26 49
https://lavillaguy.com/
À partir de 160 € la nuit, petit déjeuner inclus.

Entrez dans une maison d'exception et succombez aux charmes des lieux. Lové derrière des arbres majestueux, s'étend un parc classé de 1 ha. De cet endroit confidentiel émane la somptueuse Villa Guy & Spa. La villa, durant ses cent cinquante ans d'existence, a accueilli de nombreuses personnalités. À votre tour, jouissez d'un séjour dans une des trois chambres et deux suites luxueuses de cette splendide demeure alliant patrimoine et modernité. Profitez des soins du spa et flânez au bord de la piscine. La Villa est votre refuge secret.

SE RÉGALER

Lovée sur des terres de traditions bercées par la mer, les influences espagnoles et cet ancrage profond au terroir, Béziers la Savoureuse inspire les chefs et leurs cuisines. Créatifs ou plus traditionnels, ils portent en eux ce partage, celui des produits de saison qu'ils embellissent pour nous livrer le meilleur de leur gastronomie, élevée au rang de culture. En cuisine, ils travaillent les poissons et les fruits de mer, pèlent fruits et légumes, mitonnent les viandes, assaisonnent les salades et pimentent de créativité leurs desserts. Une fusion de talents qui s'exprime autour de tables parfumées des délices de la région. Avec générosité, les cartes font défiler des mets gourmands, nuancés d'authenticité et d'inventivité, pour vous offrir tout ce qui fait la richesse de cette gastronomie locale. Nous avons exploré les ambiances et les inspirations culinaires des chefs, et notre guide vous livre le meilleur des tables biterroises.

© GILLES DESCHAMPS

Ragoût de seiches aux olives.

À LA MAISON €€

Place Pierre Sémard
✆ 06 01 82 56 83
Ouvert du mercredi au dimanche le midi, le vendredi le soir. Formule du midi 16,50 €. Terrasse.

À la Maison, c'est le nom d'un restaurant situé au cœur des halles où la convivialité est de mise. Et comme on vous reçoit ici comme à la maison, il va de soi que les plats proposés sont 100 % maison et que les produits utilisés suivent les saisons de près. «À la Maison», la cuisine est traditionnelle et riche des saveurs locales. Tour à tour à la carte, nous avons aimé la côte de toro, la cuisse de pintade farcie, la souris d'agneau mais aussi les moules gratinées à l'aïoli et les huitres du bassin de Thau ! C'est un plaisir à chaque coup de fourchette !

BISTROT DE L'HÔTEL DE VILLE €€

8, place des Trois Six
✆ 06 95 80 84 96
https://bistrotbeziers.fr/
Ouvert tous les jours de 10h à 22h. Formules de 14 € à 24 €. Carte. Menu enfant 10 €.

Dès notre arrivée, on reste pantois devant la beauté de la façade ouvragée du XIXe siècle. Passé le seuil, on revient très vite au motif de notre venue ici, la carte du Bistrot de l'Hôtel de Ville. Avec des produits frais et locaux, elle ravit notre esprit et éveille nos papilles. Nous avons entendu beaucoup d'éloges à propos du tartare d'Aubrac coupé au couteau… et on confirme, c'est un péché mignon ! Les vins servis au verre et les tapas ne sont pas mal non plus.

L'ALTER NATIVE* €€

12, rue Boïeldieu
✆ 04 67 49 90 00
https://lalternativegoujon.fr/
Menu à 65 € le midi du mardi au vendredi. Menu de 85 € à 115 €. Réservation conseillée.

On ne présente plus Gilles Goujon, chef triplement étoilé et biterrois. A l'Alter Native, c'est avec Quentin Pellestor-Veyrier son chef, et ses fils Enzo et Axel, qu'il offre une expérience unique, un voyage marin et végétal délicieusement raffiné. Dans un écrin minéral où le bois fait écho aux rivages, la créativité du chef et de sa brigade déploie ses plus beaux atours. Une signature gastronomique colorée de saveurs méditerranéennes teinte cette escapade culinaire. Des menus de la mer et du potager panachés de notes occitanes subliment chaque mets de la carte.

BISTROT L'ORANGERIE €€

5, rue Guibal
✆ 04 67 49 07 20
www.lorangeriebeziers.fr
Ouvert du mardi au samedi le midi, du jeudi au samedi le soir. Menus à partir de 20 €. Plat du jour : 13,90 €. Terrasse.

C'est sur la jolie rue Guibal que le Bistrot l'Orangerie déploie sa terrasse chaleureuse et tendance. Dans un nouveau décor feutré, Mélanie et Romain – frère et sœur – assurent un service de qualité et proposent une cuisine aux allures bistronomiques chic, créative et moderne. Si les plats et la carte évoluent au rythme des saisons, le soin apporté à la présentation, l'équilibre des saveurs et les produits frais sont une constante. Les tapas sont généreuses, les plats authentiques, les sauces entièrement faites maison et les hamburgers totalement épicuriens.

L'ATTABLE [E] BY AXEL D. €€

23, rue des Anciens Combattants
✆ 04 30 41 59 28
www.l-attablee-beziers.eatbu.com
Ouvert du mardi au samedi, 11h-14h et 19h-23h ; dimanche 12h-15h. Formule du midi, en semaine de 15 € à 28 €. Carte.

Idéalement situé en bas de la rue de la Citadelle, le restaurant d'Axel Desessart dispose d'une jolie terrasse fleurie dans la rue piétonne et d'un intérieur cosy aux tables joliment dressées. C'est dans ce cadre agréable que vous dégusterez la cuisine inspirée et colorée d'Axel. Véritable épicurien amoureux du terroir, le chef sublime les mets qu'il élaborent avec des produits de qualité, issus de circuits courts, de saison et souvent bio. Une exigence que l'on retrouve sur la carte des vins. Une adresse authentique que nous vous conseillons sans hésitation.

AUX BONS AMIS €€

19, rue Viennet
✆ 04 67 48 55 85
Ouvert tous les jours, sauf dimanche soir et lundi soir. Petit déjeuner du mardi au samedi, 8h-11h. Plats à l'ardoise.

Quel bel endroit que ce restaurant où l'on se sent chez soi, ou plutôt chez Jules, Jim, Paul et Fanny, les potes d'enfance que l'on retrouveraient autour de la table du bar de campagne ! Une ambiance bien plus que chaleureuse : même si la cheminée joue bien son rôle, c'est une atmosphère familiale qui émane des quatre coins du restaurant. À l'ardoise, des plats savoureux et simples, exclusivement cuisinés maison avec des produits du terroir. Mention spéciale pour les burgers gourmets qui éveillent nos sens et rendent hommage à la fraîcheur des produits. On adore !

BRASSERIE M €€

Zac la Domitienne
✆ 04 67 26 45 56
Du lundi au samedi, 9h-18h. A partir de 12,50 €.

La Brasserie M, c'est *The Place to Be* pour se restaurer le midi à Béziers ! Charlotte, Quentin et leur équipe dynamique vous accueillent dans un cadre chaleureux et contemporain. Au menu, des plats 100 % maison pour une cuisine familiale, généreuse et créative. On se délecte notamment d'un pain perdu chèvre et chou, d'un parmentier de canard et son jus au citron confit. Pour finir sur une délicate note sucrée, nos palais apprécieront un riz au lait, authentiquement parfait ! Une agréable terrasse complète le tout pour de sympathiques moments autour de la table.

LA CRYPTE €

1bis, rue Porte Olivier
✆ 06 52 77 22 26
https://lacrypte.site123.me/
Fermé le dimanche. Planche à partir de 4,50 €.

Si La Crypte est essentiellement connue comme étant un bar à vins et une cave à bières, il ne faut pas oublier que l'on peut aussi s'y restaurer de délicieuses planches apéritives, tapas et autres plats parfaitement cuisinés. Pour se retrouver entre amis le soir ou pour une sortie en couple pour déguster de nouveaux crus, La Crypte est l'endroit parfait pour passer de délicieux moments. Le magret de canard séché accompagné d'un petit pélardon est une bonne entrée en matière, et la raclette au morbier a véritablement nos faveurs !

LA CAVE À MANGER €€

24, Avenue Jean Foucault ✆ 04 48 20 10 49
www.caveamanger.fr
Le midi du lundi au samedi ; jeudis, vendredis et samedis le soir. Le Midi à partir de 14 €, le soir menu 32 €.

Offrant une vue sur la brasserie artisanale Toria, La Cave à Manger est un restaurant où l'on se sent bien ! Avec son ambiance industrielle chic et sa cuisine ouverte, les lieux distillent une ambiance chaleureuse autour d'une bistronomie basée sur des produits frais et locaux. Le menu du déjeuner s'inspire des saveurs du marché, et la carte évolue au fil des saisons. Les tapas se font gourmandes pour de sympathiques moments de partage. Glanés à la carte, anchois de Cantabrie au vinaigre, croustillant de pigeonneaux au foie gras, risotto de céréales. Un délice !

LA GARGOTE DES HALLES €€

113, Place Pierre-Semard
✆ 04 67 36 64 90
Ouvert tous les midis sauf le lundi. Réservation recommandée. Carte et cuisson en direct des achats réalisés aux Halles.

Sébastien Mostaza fait partie de ces personnes avec lesquelles on a vite envie de tchatcher : l'homme est souriant, marrant et affable. Il fait ses courses chez ses plus proches voisins des halles, bien sûr, et prépare en toute simplicité des assiettes de cochonnaille, des quiches, des fougasses en guise de tapas, des salades, des desserts et bien d'autres délices. A sa table, on peut également faire cuire ses achats tout juste réalisés. L'idée est originale et fait de nombreux adeptes ! Une adresse chaudement recommandée par le Petit Futé !

LE CHAMEAU IVRE €€

15, place Jean-Jaurès
✆ 04 67 80 20 20
Fermé lundi et dimanche.

A la fois cave, bar à vins et tapas, Le Chameau Ivre, de tout temps tenu par Philippe Catusse, est désormais porté par Yohann, Fraser et Hugo. Bien connu des amateurs de nectars de la région, l'établissement vous invite à déguster un bon verre de vin tout en grignotant des tapas et des plats bistronomiques en terrasse ou à l'intérieur. Les mets sont élaborés à partir de produits frais et souvent bio : raffinés de l'entrée au dessert, ils ne manquent jamais de saveurs et d'idée. Une adresse qui se renouvelle tout en gardant l'excellence qu'on lui connaît.

HALLEGRIA €€

Les halles
✆ 04 67 36 85 84
www.hallegria.com
Ouvert toute l'année du mercredi au samedi 11h-16h puis 19h-1h et mardi et dimanche de 11h à 16h. Brunch le dimanche.

Cap aux halles de Béziers pour cette formidable adresse ! Les décors sont raffinés sans en faire trop grâce à des notes industrielles et à une impressionnante verrière. Parmi les plats : salade de la mer, terrine de foie gras à la truffe d'Occitanie, parillade de porc et chips serrano, raviole de cabillaud et petits pois. La formule du midi offre un excellent rapport qualité-prix et ose les mélanges sucrés-salés avec savoir-faire. A noter, les nombreuses soirées thématiques très prisées qui apportent une touche festive aux lieux (programme sur leur page Facebook).

LE JOHANE €

23, place Sémard
✆ 09 82 41 00 72
Ouvert du mardi au dimanche, 8h-17h. De 12 € à 18,50 €.
À la fois restaurant et salon de thé, Le Johane, situé près des Halles, est une adresse qui se laisse facilement apprécier. Pour le petit déjeuner du matin, le repas entre collègue du midi ou la sortie goûter avec les enfants, Le Johane propose une cuisine saine, faite maison. Les produits frais de saison occupent la carte à l'ardoise, et les propositions végétariennes sont appréciées. Lors de notre passage : salade au bleu miel et noix, cassolette de tatin au camembert, lapin mariné aux herbes, gratin de poires et amandes, ont fait le bonheur des gourmands.

LES LOUIS €€

2 bis, rue de la Petite-Jérusalem
✆ 04 67 49 07 79
http://les-louis.edan.io/
Fermé le lundi et le dimanche. Carte. Terrasse.
Au pied de la cathédrale Saint-Nazaire, sous le plan des Albigeois, l'établissement Les Louis s'enorgueillit d'un cadre exceptionnel avec patio ombragé et terrasse. A l'intérieur, dans cette ancienne cave, on découvre une grande salle haute de plafond et quelques tables installées sous une voûte d'époque. A la carte, de savoureuses pizzas, de généreuses salades, des plats bistrotiers, des assiettes terroir évoluant au gré des saisons. Le rapport qualité/prix est particulièrement appréciable et répond ainsi au plus grand nombre.

LE KIOSQUE À COQUILLAGES €

32, place Jean Jaurès
✆ 04 67 28 05 87
Ouvert 7j/7. Formule à partir de 8,95 €.
Adresse incontournable des inconditionnels des produits de la mer, le kiosque de Jean-Paul regorge de produits ultra frais : moules, huîtres, tellines et autres crustacés, en provenance directe de Méditerranée, n'attendent que vous. À emporter ou à déguster sur place, les plateaux se font généreux, accompagnés d'un verre de vin blanc frais et le paradis est au bout du chemin ! Venez régulièrement car l'étal se remplit en fonction de la pêche. Conseils avisés pour réaliser vos plateaux et coquillages succulents font de ce kiosque une adresse à conserver.

MAISON CARNE €€

30, Place Jean Jaurès
✆ 04 48 08 95 32
www.maisoncarne.com
Côte de bœuf 29,90 €/kg. Vin au centimètre, 1 €. Fromage à la pesée, 6 €/100 g.
Avec plusieurs adresses en Occitanie, ce restaurant au concept atypique est réservé aux carnivores ! Le cadre est celui d'une boucherie d'antan : les tables où sont plantés les couteaux sont équipées de tiroirs dans lesquels chacun trouvera serviette, couvert et assaisonnement. Ici, c'est plat unique avec la côte de bœuf d'un kilo, maturée, massée à l'huile d'olive et cuite à cœur selon vos envies. Accompagnée de frites et de salade verte, de vin que l'on paie au centimètre et d'un fromage à la pesée, assurément, c'est une adresse surprenante !

L'AMBASSADE €€€

22, boulevard de Verdun
✆ 04 67 76 06 24
www.restaurant-lambassade.com
Ouvert du mardi au samedi 12h-13h30 puis 19h30-21h30. Menus de 35 à 80 €. Menu enfant 20 €. Menu tripier 105 €. Bib Gourmand Michelin.
C'est dans son restaurant gastronomique, niché dans un immeuble du XIXe siècle, que le chef met tout son savoir-faire au service de notre palais. Les convives sont chaleureusement installés dans une salle à l'esprit Art déco et peuvent même observer la brigade de cuisine s'affairer derrière la baie vitrée. Les menus sont déclinés suivant la saisonnalité, truffe, végétal, champignon, Saint-Jacques, homard. De cette cuisine sortent mille et une saveurs inattendues, parmi lesquelles : foie gras de canard au piment doux de « la Véra », calamars farcis au crabe...

LA MAISON DE PETIT PIERRE €€

22, avenue Pierre-Verdier
✆ 04 67 30 91 85
www.lamaisondepetitpierre.fr
Ouvert du lundi au samedi le midi, vendredi soir et samedi soir. Menus de 45 € à 75 €. Menu à 25 € le midi en semaine. Bib Gourmand Michelin.
Si Top chef nous l'a fait découvrir, Pierre Augé est désormais une figure incontournable du paysage culinaire biterrois. Avec sa femme Fanny, ils vous accueillent dans ce qu'il est convenable d'appeler le rendez-vous des épicuriens ! La cuisine du chef est authentique et audacieuse : les produits du terroir riment avec saisonnalité, et la spontanéité du chef révèle le caractère bistronomique de ses plats. Suivez notre conseil et laissez-vous surprendre par un menu en 4 ou 6 temps !

MASSILIA - LE BOUCHON BITERROIS €€

28, rue Paul Riquet ✆ 04 67 48 30 55
www.restaurant-le-massilia-beziers.fr
Ouvert du jeudi au dimanche 12h-14h30 puis 19h30-22h et le lundi de 12h à 14h30. Plat du jour : 20 €. Menu : 25 €.

Face aux halles, voici une belle adresse, agréable avec son côté brasserie et sa terrasse : banquettes rouges, déco à la fois moderne et épurée repensée en 2010. On y découvre une très fine sélection de vins régionaux, mais aussi du brouilly, du gigondas et un « vin de la semaine ». Côté assiette : andouillette sauce foie gras, tagliatelles au foie gras et truffes, sanglier et chevreuil en saison, entrecôte d'Aubrac, tripous, saucisson de Lyon... Et les desserts sont faits maison !

PICA PICA €€

20, boulevard Jean Jaurès ✆ 04 48 11 03 40
www.pica-pica.fr
Ouvert tous les jours midi et soir. Réservation recommandée. Formule du midi 20 € et 25 €. Carte. Bib Gourmand Michelin.

Sous la houlette de Fabien Lefebvre, Meilleur Ouvrier de France 2004, et orchestrée par le chef Julien Bousquet, la cuisine du Pica-Pica est colorée, généreuse et légère. Une gastronomie actuelle et toute en élégance, inspirée des saveurs méditerranéennes, dans un cadre rappelant les brasseries des années 50. C'est une cuisine de partage où l'on picore des tapas gourmands et des plats soulignant la richesse du terroir. La carte des vins quant à elle vient sublimer le raffinement des mets proposés. Un Bib Gourmand 2020 souligne le travail du chef et de sa brigade.

Ô PETITS BONTEMPS €€

1, Place du 14 Juillet
✆ 04 67 36 20 82
https://opetitsbontemps.eatbu.com/
Fermé lundi et dimanche. Plat du jour, 16 €. Menus de 20 € à 49 €. A emporter.

Découvrez plus qu'une brasserie, un lieu de partage et de convivialité dans une atmosphère feutrée dédiée aux épicuriens. Une grande salle aux larges baies vitrées vous accueille au cœur de la médiathèque, autour d'une belle terrasse agrémentée d'un bassin, havre de fraîcheur en saison estivale. Cet endroit atypique s'offre à vous comme une parenthèse dans une journée bien remplie. On s'y arrête pour déjeuner, boire un thé, commander à emporter ou planifier un événementiel. Cette brasserie est un temple du plaisir gustatif alors... prenez du « Bontemps » !

LA PLANCHA DES HALLES €

Halles de Béziers
✆ 09 83 67 31 04
Ouvert du mardi au dimanche 9h-15h.

Comme son nom l'indique, cette adresse se situe au cœur des halles. Les produits cuisinés proviennent des étals voisins, garantissant une qualité excellente. Brochettes de poulet, carpaccio de bœuf, rognons, cœur de canard, tartare de bœuf ou de cheval, le tout accompagné de frites maison. Les vins, issus de propriétaires, sont d'un prix tout à fait abordables avec un Minervois, les Aspres de Pierre Cros ou la Marquise des mûres. L'endroit est parfait pour profiter d'un apéro accompagné de tapas, entre copains ou se restaurer d'une cuisine simple sans chichi.

LE PATIO €€

21, rue Française
✆ 04 67 49 09 45
www.restaurant-patio.fr
Ouvert du mardi au samedi, midi et soir. Menus de 18,50 € à 31 €. Réservation conseillée.

Nous vous invitons à découvrir un cadre absolument charmant : que vous soyez en salle près de la cheminée ou dans le patio planté d'un olivier pour les belles journées d'été, ce restaurant ravira tous vos sens ! D'inspiration méditerranéenne, la cuisine du chef est un subtil mariage de saveurs terre mer qu'il maîtrise au gré des saisons. Les produits frais sont travaillés avec finesse, les filières courtes et locales sont favorisées, et le titre de maître restaurateur souligne cette qualité d'exécution. Une adresse à ne pas manquer lors de votre passage à Béziers.

LE TROIS SIX

10, place des Trois-Six
✆ 06 59 84 40 73
Ouvert du lundi au samedi de 9h à 1h (mai à octobre). Bar-glacier. Terrasse. Concerts. Expositions.

Le Trois-Six est une adresse très vivante de Béziers. Sa belle terrasse ombragée, sa salle au look bistrot et ses animations attirent de nombreux clients. Les connaisseurs savent aussi - et surtout ! - que l'établissement dispose de belles références de bières, spiritueux, vins... et thés. La possibilité d'accompagner le tout d'assiettes de charcuterie généreuses et de fromages est un atout supplémentaire. Enfin, de mai à octobre, un cuisinier vient concocter des assiettes généreuses : moules-frites, burgers, entrecôtes... tout pour plaire !

BÉZIERS

LE 9 - LE RESTAURANT DES 9 ÉCLUSES €€

Rond-point Bachaga Boualam
✆ 04 67 36 85 64
www.le9.fr

Fermé de novembre à février. Menu de 19 € à 29 €. Terrasse.

Le site des écluses de Fonseranes dispose d'une belle adresse bistronomique : le restaurant «Le 9». Abrité derrière une impressionnante verrière en forme de proue de péniche, l'établissement laisse entrer la lumière et ouvre la vue sur la plaine de l'Orb, la cité biterroise et l'échelle d'écluses. En terrasse ou dans la salle, les gourmands ont le plaisir de découvrir la cuisine savoureuse du chef Aurélien Hérédia : une carte bistronomique accompagnée des meilleurs vins du terroir.

BRASSERIE POISSONNERIE BARBA €€

Avenue Rhin et Danube
✆ 04 67 30 63 06
www.poissonnerie-brasserie-barba.fr

Du mardi au jeudi, 8h30-19h, vendredi et samedi, 8h30-22h, dimanche 8h30-12h30.

Voici une histoire de famille qui dure depuis cinq générations ! La poissonnerie Barba, c'est aussi un restaurant où la fraîcheur des produits fait l'unanimité. Plus que des mots, jugez plutôt ce qu'il est possible de trouver à la carte : le poulpe de roc, pommes de terre grenailles tièdes, les crevettes black tiger soufflées sur un risotto de butternut, une poire pochée glace au chocolat cacahouète, coulis de caramel chaud. Un incontournable pour les amateurs de poissons.

LE BRITERROIS €

346, Rue Augustin Jean Fresnel
✆ 06 38 53 06 56
www.briterrois.fr

Formule à partir de 12 €.

Un food-truck bien connu des Biterrois, des amateurs de burgers et des passionnés de rugby. En effet, le Briterrois est un savant mélange entre la culture britannique et les saveurs biterroises. Cette institution est tenue par Johnny Howard, ancien joueur de rugby aujourd'hui reconverti en roi du fish & burger ! Ses recettes gourmandes ne manqueront pas d'éveiller vos papilles, jugez plutôt : Ze Fish, filet de poisson pané sauce tartare, avec des Chili Cheese frites, et régulièrement, le burger du moment, comme lors des fêtes de Noël, avec le burger au foie gras.

BURGER BIANCA €

42, rue Paul Riquet
✆ 06 34 04 79 34

Ouvert toute l'année. Du mardi au samedi de 11h30 à 14h30 et de 18h30 à 22h. 10 € (burger + frites + boisson).

Les meilleurs burgers de la ville sont là ! Sur la place de la Madeleine, quelques tables à l'intérieur mais surtout une grande terrasse. A consommer sur place ou à emporter, tout est cuisiné minute devant vous. Retrouvez le burger du mois qui change régulièrement (en ce moment : burger camembert au lait de bufflonne et jambon de montagne). Burger Bianca vous propose également de délicieux tacos. Ici un joyeux mélange de générations de Biterrois se retrouve pour savourer au soleil des burgers très...très copieux. Un conseil : ne mangez pas la veille !

MA CHARIOTTE €

5, Avenue Henri Galinier
✆ 06 08 58 32 44

Ouvert le samedi de 11h à 17h. Burger à partir de 12 €.

Installé sur le parking du Béziers Padel Club, ou en version privatisée pour vos événements familiaux ou professionnels, ce food truck pour épicuriens propose des burgers généreusement gourmands, des frites maison et de copieuses salades tout en fraîcheur. Ma Chariotte, ce sont aussi des plats cuisinés, comme les lasagnes bolognaise ou saumon, le magret de canard ou encore le camembert au four accompagné de charcuterie. Les desserts ne sont d'ailleurs pas en reste ! La convivialité est de mise. Sur place ou à emporter, c'est un régal !

LA CORDE À LINGES €€

25, boulevard de Strasbourg
✆ 04 67 01 46 40
https://restaurant-lacordealinges.fr/

Buffet de fruits de mer. Menu à 29 €.

Au restaurant La Corde à Linges, la tradition et la famille sont des valeurs mises à l'honneur. La décoration comme la cuisine vous font voyager dans le temps et l'on savoure des plats simples et empreints de souvenirs. Le chef, Pascal Bernard, aime à travailler les produits du saison et ses joyeuses récoltes du marché. Au menu, des saveurs d'antan qui font toujours merveilles : salade filet de hareng, saucisse frite maison, brioche caramélisée au beurre salé. Les formules « buffet à volonté » sont aussi très appréciées. Venez étendre le linge !

LA GUINGUETTE DE LA LAITERIE €€

Jardin de la plantade
✆ 06 18 17 30 89
Ouvert de mai à fin août. Ouvert tous les jours et les jours fériés de 10h30 à 1h. Jardin. Terrasse. Animations.

Nous adorons cette Guinguette ! Le cadre est exceptionnel, si proche du centre ville mais en pleine nature, située au bord de l'Orb avec vue sur le Moulin de Bagnols. La lumière au soleil couchant y est fantastique aux beaux jours. La terrasse au bord de l'eau se prête à des dîners en amoureux, les tables hautes à des soirées entre amis. La décoration toute en bois et couleurs vives fait de ce lieux un endroit convivial et festif, un DJ est présent certains soirs. Très bonne adresse !

LA PATA NEGRA €€

Centre commercial Leclerc
✆ 04 67 09 01 70
Ouvert du lundi au samedi, de 9h30 à 19h30. Formules à partir de 16,90 €. Épicerie fine et plats à emporter.

La Pata Negra affiche la couleur dès votre arrivée ! Toute vêtue de noir, de rouge et de jaune, La Pata Negra est un concept novateur, alliant une épicerie fine espagnole à un restaurant de bistronomie ibérique. Vous goûterez ici au meilleur des saveurs espagnoles, dont le fameux hamburger ibérique avec son pain noir et son excellente viande de porc « la pluma ». Les assiettes de charcuterie à partager auront aussi vos faveurs, tout comme les gambas à la plancha, ou encore les délicieuses tapas accompagnées de vins d'Espagne de la Rioja. Une adresse dépaysante !

ME GUSTA TAPAS €€

Centre commercial Polygone
✆ 04 67 01 29 71
www.megusta-tapas.fr
Ouvert tous les jours de la semaine.

Me Gusta Tapas est un restaurant aux allures de brasserie chic, moderne et décontractée. On y vient pour les savoureuses tapas à partager entre amis, accompagnées d'un vin racé en provenance de cette belle région du Languedoc-Roussillon, ou d'une bière artisanale ibérique. Pour les faims plus conséquentes, Me Gusta Tapas cuisine des produits frais de saison, pour des plats goûtus, avec un travail particulièrement précis sur les poissons, cuits à la plancha. Une cuisine colorée et dépaysante qui éveille les papilles et pimente les repas.

LE PETIT VIENNET €€

32, rue Viennet
✆ 06 25 25 69 28
Fermé lundi et mercredi. Prix moyen à la carte 17 €.

S'il est une adresse absolument charmante à Béziers, c'est bien celle-ci ! Marlène vous accueille dans sa jolie « bonbonnière » aux doux tons orangés, et vous offre un moment délicieux autour de sa cuisine de saison. Simples et goûteuses, les propositions à la carte feront pétiller vos papilles. Laissez-vous tenter par un velouté de potiron, croustillant de châtaigne et lard fumé, succombez à la brochette de magret de canard, craquez pour un cannelé cœur Nutella. Pour un thé les après-midi, c'est aussi une excellente adresse !

OSAKAYA €€

12, Avenue Camille Saint Saens
✆ 04 67 62 52 60
Ouvert du mardi au samedi 12h-14h puis 19h-22h. Plat : 13,50 € environ. Menus de 30 (complet) à 56 € (dégustation).

Un des meilleurs japonais du sud de la France ! Ping Zhang originaire de Shanghai est arrivé en France en 2017 pour étudier... les Beaux Arts. Ce chef a fini 2ème au championnat de France des sushis en 2019, et finaliste au championnat du monde à Tokyo la même année avec l'équipe de France. L'influence des beaux-arts se ressent dans la décoration, feutrée et raffinée et dans la présentation des plats - régal pour les yeux comme pour les papilles. A vous sushis, sashimis, makis, rolls, yakitoris et autres plats japonais plus travaillés pour les adeptes du Japon !

LA RAFFINERIE €€

14, avenue Joseph-Lazare
✆ 04 67 76 07 12
www.restaurant-raffinerie-beziers.fr
Ouvert le samedi et le lundi en soirée, du mardi au vendredi le midi et le soir. Formule : 24 € et 30 €.

Située au bord du canal du Midi, dans l'ex-quartier des négociants en vin, La Raffinerie occupe une ancienne raffinerie de soufre dont elle a conservé une partie des vestiges. De son passé, on peut contempler l'imposante meule installée à l'entrée de l'adresse et les engrenages posés au-dessus du bar. Pour le reste, l'établissement revêt un décor contemporain élégant. Côté cuisine, les saveurs méditerranéennes sont au premier plan et se dévoilent dans des assiettes pleines de fraîcheur. Toutes ces bonnes agapes s'accompagnent d'une fine sélection de vins régionaux.

FAIRE UNE PAUSE

Après avoir arpenté les ruelles de la ville, visité ses monuments emblématiques, sillonné la cité au travers du circuit des fresques murales, et fini par une trépidante séance de shopping, vous apprécierez de faire une pause à l'ombre des arbres des allées Paul Riquet, ou sur la place Jean Jaurès et ses belles fontaines, pour déguster une glace artisanale, une gaufre à la chantilly ou un smoothie bien frais, ou encore en vous installant à une terrasse de café place du Forum pour papoter et voir passer les badauds. Les lieux pleins de charme propices à la *dolce vita* ne manquent pas dès le petit déjeuner : c'est tellement agréable de le prendre en dehors de chez soi qu'il ne faut pas s'en priver ! Les amateurs de bière et d'ambiance plus enlevée pourront quant à eux se divertir dans l'un des nombreux pubs et autres bars à thème que compte la cité biterroise. Prenez note, les meilleures adresses sont ici.

BAR JOE

15, place Jean Jaurès
✆ 04 30 41 72 03
www.barjoe.fr/
Du lundi au vendredi, 11h-minuit 45. Le weekend, 15h-minuit 45.

Non loin des allées Paul Riquet, sur l'emblématique place Jean Jaurès, le Bar Joe est un lieu incontournable des soirées entre amis. Le Bar Joe est un des lieux les plus animés de Béziers ! Autour d'une bière artisanale, on se retrouve à refaire le monde ou devant le dernier match de rugby à la télé. Avec la retransmission en direct de la plupart des rencontres sportives, ce bar est vite pris d'assaut par les aficionados de troisième mi-temps. Également restaurant, les burgers sont faits maison et servis avec des frites fraîches.

BEER DISTRICT

17, Place Sémard
✆ 04 30 17 84 44
www.lacaveabieres-beziers.fr
Ouvert 7j/7, 18h à 1h.

Tout est réuni dans cette cave à bières pour que les amateurs et les non-initiés trouvent la bière qui émoustillera leurs papilles. Un cadre feutré et chaleureux, une ambiance détendue, et surtout seize tirages pression renouvelés toutes les semaines afin que le consommateur ne se lasse pas. Vous pourrez ainsi goûter à des bières du monde entier : France, États-Unis, Angleterre, Espagne, Canada, Cuba, Danemark, Suède, etc. Vous pourrez aussi grignoter quelques tapas, profiter du billard et défier vos amis à la borne à fléchettes.

CAFÉS ÉTIENNE

3, carrefour de l'Hours
✆ 04 30 41 11 05
www.etienne-coffeeshop.com
Ouvert du lundi au samedi de 9h à 20h. Boutique en ligne.

Difficile de ne pas succomber aux effluves de café lorsqu'on se trouve au rez-de-chaussée du Polygone ! L'enseigne reçoit chaque jour une clientèle de commerçants parlant boulot en dégustant un espresso, mais aussi de connaisseurs avertis en matière de café intense italien. De nombreuses gammes de café sont ainsi moulues à la demande. Vous trouverez aussi une belle collection de thés, natures ou aromatisés, verts ou déthéinés, il y en a vraiment pour tous les goûts. Les plaisirs ne s'arrêtent pas là car on peut par exemple déguster une gaufre nappée de chantilly.

LES CAPRICES DE CAH'SY

2, rue de l'Argenterie
✆ 04 67 36 52 48
Ouvert du mardi au dimanche de 13h à 22h.

Catherine et Sylvette, après avoir travaillé dans le monde de l'industrie pharmaceutique, sont devenues maîtres glaciers. Dans leur adorable boutique, elles vous accueillent pour vous faire découvrir les parfums qu'elles mettent au point artisanalement, selon les saisons : fraise-menthe-basilic, yaourt-miel-quinoa, chocolat noir-piment d'Espelette..., tous ces parfums feront chavirer vos papilles. En terrasse ou dans la fraîcheur des caves voûtées, sur place ou en petit pot à emporter, les saveurs originales de ces glaces écoresponsables sont un coup de cœur !

COCO MANGO

Place Gabriel Péri
© 06 87 29 07 89
Ouvert du mardi au dimanche de 12h à 18h.

Coco Mango possède deux adresses gourmandes à Béziers, l'une est une boutique et l'autre est un kiosque. Ces repères servent de vitrines à leurs délicieuses glaces artisanales. Ici, sorbets et glaces se déclinent en des dizaines de parfums savoureux et parfois, très originaux. En cornet ou en coupe, les prix sont abordables au regard de la qualité ! En plus des glaces, on peut acheter toute une gamme de cafés et thés, des crêpes et des gaufres, des granitas et des jus d'oranges frais et bio. L'ensemble est servi dans un joli cadre par une équipe très sympathique.

CQFD

Place du Forum
© 06 68 20 11 65
Ouvert lundi, mardi, jeudi et vendredi 10h-17h30 et le mercredi et samedi 10h-15h. Menus de 10,50 à 15,90 €. Terrasse.

Face à la mairie, le « Ce Qu'il Faut Dévorer » a ouvert en 2016. Ce salon de thé est moderne, lumineux, et ouvert sur la place centrale, des atouts qui en font le repère favori des locaux. Un petit comptoir et des ardoises permettent de voir toutes les propositions salées de l'adresse telles que les wraps, les bagels, les salades-repas, les tartes et les quiches. Mais la gérante, pâtissière de formation, excelle particulièrement côté desserts. On a vraiment apprécié son cheesecake spéculoos-framboise et son framboisier. Une des plus jolies perles de la ville.

LE GLACIER DU XIX

19, place Jean Jaurès
© 04 67 48 04 00
www.hoteldixneuf.com
Ouvert l'été, du lundi au dimanche, de 14h30 à 23h30.

S'il est une adresse délicieusement gourmande, c'est bien celle-ci. Donnant sur la très belle place Jean Jaurès, et à côté de l'Hôtel le XIX, le Glacier du XIX offre des glaces artisanales et des sorbets issue de la fabrication italienne de la maison Menodiciotto. Une référence dans le domaine puisque ces glaces sont sans conservateur, sans colorant et sans aucun arôme artificiel. Pour votre plaisir et celui de vos papilles, 20 parfums sont disponibles. A déguster en pot ou en cornet, et vous pourrez même les acheter en bac isotherme de 500 ml.

LE MATHI'S

22, allées Paul-Riquet
© 04 67 28 95 66
Ouvert dès 8h pour les petits-déjeuners, à partir de 7 €. Service continu jusqu'à 19h30. Fermé le dimanche.

Dans une ambiance chic, très cosy et familiale, Élodie Alaux vous accueille dès 8h pour vous servir le petit déjeuner ! Au fil de la journée, les gourmands se succèdent pour savourer, crêpes et gaufres, gâteaux, mais aussi des plats cuisinés créatifs à l'heure du déjeuner. Une belle carte de thés, avec une sélection d'une quinzaine de thés de la marque « Jardin d'Asie », vous fera voyager aux quatre coins du monde. Dès les beaux jours, succombez aux glaces artisanales. Une adresse à retenir, tant le service est agréable et les douceurs succulentes.

O'SULLY IRISH PUB

18, rue d'Alsace © 09 65 38 36 05
Du lundi au samedi, 16h-minuit 45. Le dimanche, de 16h à minuit.

O'Sully Irish Pub, c'est « un petit coin d'Irlande au cœur de Béziers », où comment être en Irlande tout en étant en terre biterroise. C'est le pari totalement fou des propriétaires qui sont allés en Irlande : faire concevoir leur pub par des artisans spécialisés, lesquels sont ensuite venus à Béziers pour tout agencer. Vous suivez ? Il est donc évident que le dépaysement est total, surtout lors des concerts organisés où les musiques traditionnelles irlandaises et les bières artisanales accentuent encore plus cette impression. Ici, la convivialité est de mise !

V AND B

Zac de Montimaran Local n°2.3
© 04 67 00 65 19 - vandb.fr
Ouvert lundi 15h-20h, mardi et mercredi 10h-12h30 puis 14h30-20h et du jeudi au samedi 10h-21h. Location de tireuses.

Au V and B (prononcez « vi and bi »), vous viendrez pour faire vos emplettes de bières (400 références), de vins, de champagnes, de spiritueux (belle sélection de rhums et whiskys) et pour les soirées en mode « afterwork » (fermeture à 21h). Les soirées sont ponctuées d'événements, il se passe toujours quelque chose ici : soirées dégustation, cours d'œnologie, soirées tapas le jeudi soir, retransmissions sportives, sans oublier les temps forts de l'année (Saint Patrick le 17 mars ou fête de la bière en octobre). Ici, on découvre toujours de nouvelles blondes !

(SE) FAIRE PLAISIR

Si une destination se découvre par ses monuments, ses espaces naturels et sa culture, elle s'appréhende aussi de façon plus subtile par son terroir, par ses parfums, par ses saveurs, ses goûts et ses couleurs. Béziers, entre terre et mer, vignes et garrigues, est riche d'une diversité de produits mis en lumière par le savoir-faire d'artisans passionnés. À découvrir en vente directe, sur l'exploitation ou sur les marchés, dans les épiceries fines ou dans les boutiques spécialisées, à déguster sur place ou à emporter dans vos valises, à Béziers les plaisirs gustatifs sont légion. Que vous soyez un bec sucré ou que vos papilles fondent pour des saveurs salées, les produits de bouche biterrois auront forcément vos faveurs. Dans votre panier, miel, huile d'olive, fromage, charcuterie ibérique, vins IGP coteaux-de-béziers, fruits de mer et poissons. Découvrez, dégustez et laissez-vous surprendre !

BOULANGERIE PÂTISSERIE LE CRISTAL

42, Allées Paul Riquet
✆ 04 67 49 30 37
Ouvert 7j/7.

Une adresse incontournable à Béziers, d'autant plus maintenant qu'elle a remporté LE concours pâtissier biterrois par excellence, nous parlons bien sûr du concours de la « Coque d'or ». Cette distinction connue et reconnue de tous les Biterrois fait écho à la spécialité de la maison et aux traditions culinaires locales qui, tous les 28 avril, honorent le saint patron de la ville en confectionnant et dégustant (cela va de soi) les coques de Saint-Aphrodise. Une très bonne adresse.

BOULANGERIE PÂTISSERIE ROLLAND PÈRE ET FILS

54, avenue Pierre Verdier
✆ 04 67 26 75 67
www.rollandpereetfils.com/
Ouvert du mardi au samedi de 6h30 à 13h et de 15h à 19h30 ; le dimanche de 6h30 à 13h.

Artisans passionnés et investis, Marc, Mathieu et Marion Rolland vous accueillent toute l'année dans leur agréable boulangerie-pâtisserie. Fabriqués sur place, les pains spéciaux et autres pains plus traditionnels accompagnent vos repas tandis que les délices sucrés régaleront vos papilles. L'une de leurs spécialités, les coques de Saint-Aphrodise, est à découvrir tout particulièrement en avril à l'occasion de la fête patronale traditionnelle de Béziers.

BRASSERIE ARTISANALE ALARYK

2, rue des Poiriers
✆ 07 49 17 80 48
www.alaryk.fr
Ouvert du mardi au samedi de 10h à 12h30 et de 15h à 19h.

Cette brasserie artisanale biterroise a ouvert ses portes au printemps 2016. Elle est de la rencontre de deux passionnés : Sébastien Alary et Jean-Olivier Rieusset. Ces deux experts en vins, bières et autres spiritueux ont mûri leur projet deux bonnes années avant de se lancer. Aujourd'hui, leur brasserie propose 12 bières artisanales françaises 100 % bio, sans colorants ni conservateurs : Blonde, Ambrée, Blanche, Bière d'hiver, Triple Grain... Que de la qualité !

BRASSERIE TRENCAVEL

4, avenue de Bruxelles - Zone Europa
✆ 07 67 24 31 97
www.brasserietrencavel.com
Ouvert du lundi au samedi de 9h à 12h et de 14h à 17h. Livraison possible.

La pression monte à la brasserie Trencavel ! Nicolas Delous, véritable passionné de bières, fait revivre la tradition brassicole de la ville. Il élabore et brasse, étiquette et commercialise trois bières de son cru que nous retrouvons déjà dans quelques bonnes adresses de restaurants et cavistes de la ville. Une blonde légère sans amertume, une brune aux doux accents amers et au goût de café torréfié. Enfin, une Ale au subtil goût de miel, et au packaging affirmé et réussi. Les fûts où fermentent ses élixirs a lieu dans l'arrière-boutique, comme l'embouteillage

LA CASA DEL GUSTO

10, Rue de la Coquille
✆ 07 66 13 38 45

Ouvert du mardi au samedi de 10h à 13h et de 14h à 19h. Samedi : fermeture à 19h30.

Amateurs de cuisine italienne, cette adresse est pour vous ! Dans cette jolie épicerie, on trouvera une belle sélection de pâtes, d'huiles d'olive, de prosecco, de conserves, de spécialités sucrées ainsi que des produits frais : mozzarella, burrata, camembert di bufala... Mention spéciale pour l'excellent limoncello de Sardaigne de la maison Spiritosardo et son packaging faisant penser à un flacon de parfum Chanel. Pour compléter cette gamme de produits gastronomiques, un second magasin portant le même nom à quelques rues de là, où déguster d'excellents antipasti.

LA CAVE À BIÈRES

3, rue Française
✆ 04 67 48 78 95
www.lacaveabieres-beziers.fr

Ouvert du lundi au samedi de 9h30 à 19h.

Jérémy et Benjamin ont installé cette jolie et dynamique cave à bières juste derrière la mairie. Ils y présentent des références belges et françaises, mais aussi un nombre hallucinant de bières étrangères et des productions locales. On compte pas moins de 300 références sur les étagères, ainsi qu'un petit rayon spiritueux, des produits dérivés et des coffrets cadeaux. Les conseils sont nombreux, notamment sur les accords mets/bières. Des animations agrémentent les soirées, et les nouveautés viennent régulièrement compléter les étagères de La Cave à Bières.

CAVES PAUL RIQUET

7, rue Pierre Flourens
✆ 04 67 28 28 73

Ouvert du lundi au samedi de 9h à 12h30 et de 15h à 19h30 ; le dimanche de 9h30 à 12h30.

Cet établissement ravira les amateurs de bonnes bouteilles et les adeptes de mets raffinés. Dans un décor élégant, une équipe passionnée veille sur une importante collection de nectars, quelques centaines de crus au total. Renommés (Faugères, St Chinian...) ou plus discrets, ils sont principalement issus de la région et arborent différentes appellations IGP ou AOC. Les experts seront d'excellents conseils concernant les accords mets/vins, un vrai bonheur quand on part faire ses achats une idée en tête. Au sein des Caves, les spiritueux ont également leur place !

AU CHAI DU LANGUEDOC

53, avenue Rhin-et-Danube ✆ 04 67 30 49 01
www.chai-languedoc.com

Ouvert tous les jours 9h30-19h30 (sauf lundi 14h30-19h30) et dimanche (9h30-19h). Epicerie fine. Fromages. Bières.

Au chai du Languedoc est un véritable temple dédié au bien boire et au bien manger. Depuis plus de 30 ans, la famille Andrieu vous fait partager sa passion pour des vins et produits d'exception. Une adresse bien connue où des dégustations permanentes sont possibles, au bar et sous le patio. Mais aussi un lieu de découverte et de rencontre avec les vignerons. De nombreux talents sont dénichés dans la région Occitanie. On trouvera évidemment les incontournables, au prix propriété et, déjà sous le charme, on sera bien aise de découvrir la fromagerie attenante !

CHÂTEAU DE RAISSAC

Route de Murviel
✆ 04 67 28 15 61
www.raissac.com

Visite des caves toute l'année, du lundi au samedi. Caveau ouvert toute l´année, du lundi au vendredi, 9h-12h/13h-17h.

Cette propriété viticole d'exception en bordure de l'Orb est avant tout une histoire de famille. C'est déjà la sixième génération de la famille Viennet à perpétuer la tradition viticole. Ils ont mis l'accent sur l'oenotourisme depuis 2006 en s'appuyant sur trois piliers : le vin, l'art et le patrimoine. Le domaine s'étend sur 60 ha et produit une gamme de 12 vins vieillissant dans un magnifique chai creusé dans la roche. Le domaine sert aussi de cadre à des expositions et dispose de cinq chambres d'hôtes dans le château, au cœur d'un parc à l'anglaise.

DOMAINE DE GALINENQUE

1290, ancienne route de Vendres
✆ 04 67 90 99 20

Ouvert tous les jours de 10h à 17h.

Adieu le raisin, place à l'olive ! D'abord dédié à la vigne, le domaine se consacre désormais exclusivement à l'oléiculture. Sont produits ici majoritairement des variétés languedociennes telles que l'Olivière, la Picholine et la célèbre Lucques. Il faut dire que le terroir d'anciennes garrigues, aux sols caillouteux et argilo-calcaires, est très propice à cette culture traditionnelle. On compte environ 1 300 oliviers. L'exploitation se visite et dispose d'une boutique avec ses produits. Il est même possible de parrainer un olivier du domaine, original !

DOMAINE DE LA BARTHE

14, route de Capestang
✆ 04 67 28 60 29
www.domainedelabarthe.fr
Ouvert tous les jours de 8h30 à 12h30 et de 15h à 19h30 ; le dimanche de 8h30 à 12h30.

Le Domaine de la Barthe est un domaine ancestral, dont une partie a été repris par la famille Eychenne depuis trois générations. D'origine slovaque, les gérants proposent des vins maîtrisés. Leur vignoble est constitué d'une grande diversité de cépages (merlot, grenache, cabernet sauvignon, tempranillo, muscat d'Alexandrie). Les terres s'étalent sur les coteaux bordant le Canal du Midi, qui offre toute une palette d'arômes et de diversité en bouche. Les cuvées Métamorphose et Eurythmie se disputent les récompenses aux concours des grands vins du Languedoc.

DOMAINE DE LA COLOMBETTE

Ancienne route de Bédarieux
✆ 04 67 31 05 53
www.lacolombette.fr
Ouvert du lundi au samedi de 8h à 12h30 et de 13h30 à 18h.

Figures du paysage viticole du Languedoc, François et Vincent Pugibet sont des vignerons inclassables. Situé à la bordure nord de la ville de Béziers, le domaine de la Colombette prouve chaque année que ce terroir est capable de produire de fabuleux nectars. En 1995, la Colombette reçoit le titre de meilleur chardonnay du monde puis en 2009, après dix ans de recherches sur la réduction d'alcool, la gamme Plume, avec des vins à seulement 9 %, est récompensée. Vifs et épicés, charnus et acidulés, frais et vifs, ces vins sont simplement sublimes !

DOMAINE DE LA GOURGASSE NEUVE

Traverse de Colombiers
✆ 06 13 30 32 51
http://domaine-gourgasse.fr
Vignobles et Découvertes. Haute saison, caveau ouvert tous les jours 11h-12h/18h-20h. De novembre à mars sur rendez-vous.

Situé tout près de Béziers, sur les berges du Canal du Midi et sous l'Oppidum d'Ensérune, se trouve le Domaine de la Gourgasse Neuve. L'été, les vacanciers qui empruntent le Canal du Midi peuvent amarrer leurs péniches sur un talus faisant office de ponton, à 400 mètres seulement du domaine. Ce dernier s'étire sur 14,5 ha classé en IGP Pays d'Oc et Coteaux d'Ensérune. Dans le caveau de 1 500 m^2, des espaces de dégustation sont aménagés sous d'anciens pressoirs.

DOMAINE L'HORT DEL GAL

638, route de Sérignan
✆ 04 67 36 65 40
www.domainelhortdelgal.com
Vente directe 7j/7.

Entre mer et montagne, le Domaine de l'Hort del Gal, littéralement « le jardin du coq », est le lieu à fréquenter pour faire le plein de vitamines ! Directement du producteur au consommateur, vous trouverez ici des produits sains, frais et de saison. Paniers de fruits et de légumes, jus de fruits, vins du domaine, mais aussi produits du terroir pour apporter toutes les saveurs languedociennes à votre table. À 1 km de Béziers et à une poignée de minutes des plages, ce jardin est parfait pour ravitailler en bonnes choses la location d'été.

DOMAINE LES GRAVIERS

Route de Lespignan
✆ 06 81 72 53 38
Ouvert toute l'année. Sur rendez-vous.

Jeune viticulteur, Jean-Pascal Pelagatti propose les trois couleurs de vin sur son domaine de 28 hectares. Installé à Béziers, ce vigneron indépendant produit du vin en agriculture raisonnée, essentiellement des IGP Oc et IGP Coteaux de Béziers. Exploité en HVE (Haute Valeur Environnementale), son domaine familial séduit les amateurs de bonnes bouteilles. La qualité est tellement au rendez-vous que l'exploitation a été récompensée par un « coup de cœur » du guide Hachette des vins 2020. Un jeune talent qu'il faut se hâter de découvrir !

DOMAINE MI-CÔTE

510, traverse de Colombiers
✆ 04 67 28 85 73
https://domainemicote.jimdofree.com/
Visite du domaine et dégustation pour les groupes sur réservation.

Aux portes de Béziers, près du canal du Midi, la famille Recoules, vignerons indépendants depuis quatre générations, a su préserver le caractère authentique et familial du domaine. Ses vins IGP coteaux-de-béziers se déclinent en rouge, blanc, gris et rosé. Domaine labellisé « Vignobles et découvertes », son caveau est aussi agréé « Qualité tourisme ». C'est dire si la qualité est au rendez-vous ! Disponibles en bouteille et en vrac, vous trouverez au caveau des coffrets à offrir. Accueil au domaine pour les camping-caristes à la nuit.

L'ÉPICERIE LAUZE

36, avenue Pierre Verdier
✆ 04 67 76 33 04
epicerielauze.com
Ouvert du mardi au samedi de 8h30 à 12h30 et de 16h à 19h30. Traiteur. Cave.

Située à deux pas des Arènes, cette épicerie est consacrée au plaisir alimentaire. Le magasin est propice à la découverte grâce à la belle diversité de délices mais c'est aussi un lieu de partage où les papilles sont constamment en éveil puisque l'adresse propose des dizaines de produits gastronomiques au rayon charcuterie, crèmerie, fromagerie, primeur, épicerie fine et traiteur. Des articles frais, non industriels, de saison et surtout, de proximité. L'épicerie met également en avant une sélection de vins de la région et spiritueux de toutes sortes.

LA FERME BITERROISE

Rond-point Route de Corneilhan
✆ 04 67 77 30 21
https://lafermebiterroise.com
Ouvert du lundi au samedi de 9h à 12h30 et de 14h à 19h. Ouvert toute l'année.

C'est un regroupement inédit d'une quinzaine d'agriculteurs qui proposent leurs produits, dans le respect d'une agriculture raisonnée ou biologique. Fruits, légumes, laitages, viandes, volailles, jus, terrines, pains, vins, fromages, huiles, biscuits : ces produits sont vendus en circuit court et par les producteurs eux-mêmes, qui assurent des permanences. Ouvert en 2010, la Ferme Biterroise a joué les précurseurs pour la vente directe de produits locaux. A noter qu'on peut commander en ligne sur le site internet dédié et retirer ensuite son panier en boutique.

FINE DE GARRIGUE - FAMILLE PURSEIGLE

17, rue Dupuytren
✆ 04 67 76 21 64
https://finedegarrigue.com/
Boutique de vente directe, ouverte de janvier à septembre. Le reste de l'année sur rendez-vous.

D'abord viticole, le domaine familial se consacre à l'oléiculture depuis 1999, ainsi qu'à la culture de grenadiers destinés à la production de jus de grenade. Le terroir constitué d'anciennes garrigues est ici propice à la culture traditionnelle de l'olivier et notamment aux variétés languedociennes : l'olivière, la picholine, mais aussi la lucques. La famille Purseigle vous accueille dans sa boutique de vente directe, au Domaine de Galinenque, pour favoriser les circuits courts.

LA FROMAGERIE

34, avenue Pierre Verdier
✆ 04 67 94 34 28
lafromagerie-beziers.fr
Ouvert du mardi au samedi 8h30-12h30 puis 16h-19h30. Plateaux. Epicerie. Evénements.

Le nom de cet établissement laisse peu de place au mystère... Au sein de ce temple à fromages, vous aurez l'occasion de découvrir une collection de délices allant du fromage au lait frais en passant par le yaourt bio et le beurre. Parmi les fromages qui se distinguent, vous trouverez du brie de chèvre, de la tomme d'Auvergne, du laguiole, du salers, du roquefort, du beaufort d'été, de l'époisses et bien d'autres trésors. Les gérants organisent fréquemment des événements à thèmes comme des soirées tapas ou raclette. L'adresse dispose aussi de bonne charcuterie.

LA GORGE FRAÎCHE

2, avenue Joseph Lazare
✆ 04 67 37 06 97
www.lagorgefraiche.fr
Ouvert du lundi au samedi de 10h à 20h. Bar. Brasserie artisanale (production sur place).

C'est sur les berges du canal du Midi que se dresse fièrement la brasserie artisanale du Canal du Demi-La Gorge Fraîche. Prenant place dans une ancienne raffinerie à sucre, le bar-boutique à l'ambiance industrielle permet une pause idéale pour découvrir toute la gamme de bières du lieu : la blanche, qui chatouille légèrement avec ses notes d'épices et d'agrumes, la blonde, qui possède une belle robe dorée, et l'ambrée, véritable délice en bouche de saveurs caramélisées. Les gérants proposent également les vins des copains et des spiritueux de la région à la vente.

LA GRANGE D'ÉRIC

3518, route de Narbonne
✆ 06 74 95 82 53
www.grange-eric.fr
Ouvert du mercredi au vendredi de 15h à 19h et le samedi de 9h à 13h. Poulet fermier entier 3 kg : 23,40 €.

L'exploitation agricole d'Eric a été créée en juillet 1987 et comprend une partie élevage de volailles et une partie cultures maraîchères. Les volailles fermières sont élevées en liberté, nourries exclusivement de céréales non O.G.M. et sans antibiotiques. C'est sans doute la raison pour laquelle elles sont d'une telle qualité ! Les productions maraîchères sont saisonnières, selon une agriculture raisonnée et durable. Il a également mis en place un « drive fermier » : il suffit de commander les produits souhaités sur le site puis de venir retirer sa commande.

LA MAISON DU JAMBON IBÉRIQUE

place Pierre Sémard
✆ 07 86 82 50 21
www.halles-beziers.com
Ouvert du mardi au vendredi de 8h30 à 13h et samedi et dimanche de 8h30 à 14h.

Amateur de jambon ibérique, cette adresse est la vôtre ! Dans leur échoppe située au cœur des halles, laissez-vous guider par la pétillante patronne qui vous orientera dans vos choix selon vos goûts et votre budget, elle saura même vous parler des différents modes d'élevage des cochons et de la différence entre un « serrano », un « Bellota », un « Cebo » ou un « Pata negra »... Pensez à commander vos plateaux pour une soirée apéro ou à faire appel à eux pour tous types d'événements.

MAISON RASTOUIL

Place Pierre Sémard
✆ 04 67 49 04 67
Ouvert du mardi au dimanche, 9h-14h.

Artisan depuis 1987, la Maison Rastouil propose ses plats cuisinés, élaborés par Clément Rastouil, chef cuisinier formé au restaurant l'Ambassade, ainsi que des pizzas et des pâtes fraîches, exclusivement à base avec des produits frais de première qualité. Installée dans les Halles de Béziers, la Maison a construit sa renommée sur son accueil, ses conseils et les saveurs incomparables de ses préparations. Privilégiant les circuits courts et la saisonnalité, le chef propose des plats traditionnels, aux délicieuses notes méditerranéennes.

MAS LA CHEVALIÈRE

Route de Murviel
✆ 04 67 49 88 30
Accueil sur rendez-vous.

Le Mas la Chevalière, c'est vingt ans de passion, vingt années d'une histoire consacrée à la vigne et au vin, vingt ans de savoir-faire et de traditions ancrés dans un terroir d'exception baigné par la lumière languedocienne. Ce terroir inimitable, ou plutôt ces terroirs, ce sont Peyroli et Roqua Blanca. Le premier, entièrement dédié au chardonnay, pour des vins blancs au caractère fruité, avec une finesse certaine dans leur acidité ; le second, pour des variétés de vins rouges aux caractères typiquement méditerranéens, dont la robe rouge dénote intensité et chaleur.

LES MIELS DE MON MOULIN

✆ 04 67 32 45 96
www.lesmielsdemonmoulin.com
Ouvert le mercredi, le samedi et le dimanche de 9h à 13h. Bienvenue à la ferme.

Carole et Laurent Gomez travaillent actuellement 350 ruches, disséminées sur les bords de la Méditerranée. Leur vente se pratique essentiellement à la ferme et sur les marchés locaux. Vous aurez tout le loisir d'en apprendre davantage sur le travail de l'apiculteur au travers de panneaux, diaporama photos... Leurs produits – miels, pains d'épices, caramandes (subtil mélange d'amandes et caramel), gelée royale, pollen, coffrets – sont écoulés directement du producteur au consommateur, soit sur les marchés de juin à septembre, soit au magasin à la ferme toute l'année.

LE MONDE DU MACARON

24, rue de la République
✆ 09 80 92 96 23
www.le-monde-du-macaron.fr
Ouvert du lundi au samedi, de 9h à 19h. Le dimanche 10h30-12h30/14h-18h.

Ouvert depuis 2019, le Monde du Macaron développe une gamme de macarons tant sucrés que salés. Une fabrication artisanale, gourmande et originale, avec un savoir-faire confirmé qui puise son inspiration dans les recettes ancestrales. Des créations en finesse, décuplant les saveurs au gré des saisons. Laissez-vous envoûter par les macarons à l'huile d'olive vanillée ou truffée. Succombez aux macarons goût calisson, groseille ou champagne. Aussi salon de thé, découvrez les pâtisseries, viennoiseries et boissons chaudes. Un bar à salades vous accueille au déjeuner.

MOULIN À HUILE DE PRADINES-LE-BAS

Domaine Pradines le Bas - Route de Corneilhan
✆ 04 67 30 63 52
www.pradineslebas.com
Ouvert du mardi au samedi, 10-13h/15h-19h.

Le domaine de Pradines de Bas, c'est l'histoire de l'olivier et d'une femme. Ce sont ces arbres producteurs aux feuilles argentées dont le fruit est subtilement travaillé par Francine BUESA. C'est une collection d'huiles d'olive que l'on retrouve au domaine, de la douce Lucques à l'ardente Olivière, de la légère Bouteillan à la fruitée Margaux. Elles sont toutes reines en cuisine. Huiles, olives et tapenades, mais aussi cosmétiques bio, vous aurez l'embarras du choix en boutique.

AU PALAIS DES SAVEURS

31, allées Paul Riquet
✆ 04 67 36 27 05
Fermé le lundi.

Un petit bijou que cette boutique ! Lionel Mandirac, formé par les Compagnons du Devoir du Tour de France, nous dévoile ici ses créations les plus raffinées. Un savoir-faire artisanal, incluant des produits issus de producteurs locaux. Des réalisations qui peuvent aussi être faites sur mesure pour vos événements. Des bonbons au chocolat en passant par les tablettes gourmandes, des pâtisseries fines aux macarons, sans oublier les viennoiseries et le mur de confitures, le Palais des Saveurs porte décidément très bien son nom ! A fréquenter sans demi-mesure !

PRALINE

Allées Paul Riquet
✆ 06 11 55 39 59
www.bonbons-beziers.fr/
Ouvert tous les jours de mai à août, 10h-19h.

Magasin de bonbons installé à Béziers depuis 60 ans, Praline a vu des générations de têtes blondes se succéder ! Temple des confiseries, antre des chocolats, palais des sucettes, repaire des bonbons aux saveurs anciennes, ici petits et grands trouvent leur bonheur et oublient les interdits ! Egalement un espace dédié aux produits régionaux comme les Poutous de Béziers, les Grisettes de Montpellier ou encore les Berlingots de Pézenas. Pensez à faire confectionner un gâteau de bonbons pour les fêtes, les enfants adorent et les plus grands aussi !

ROMATIC

16, rue Aspirant Pidoux
www.romatic.fr
Boutique en ligne.

Romatic propose des infusions biologiques confectionnées à base de mélanges aromatiques bons pour le corps et l'esprit. Les plantes et fleurs son issues des meilleurs producteurs du Sud de la France, afin de garantir un goût authentique et des produits de haute qualité. Infusion détox, vitalité, sommeil ou bien encore digestion, à chacun de choisir la recette correspondant à ses besoins. Le pack découverte est une formule intéressante pour tester les bienfaits des différents breuvages. L'enseigne propose aussi quelques élégantes théières et tasses.

LA RUCHE QUI DIT OUI

1, Quai Port-Neuf
https://laruchequiditoui.fr/
Commandes possibles dès le mercredi au mardi soir de la semaine suivante à minuit. Distribution les jeudis, 18h-19h.

Dans une volonté de soutenir les producteurs locaux, et de trouver de bons aliments issus d'une agriculture fermière de qualité, La Ruche qui dit Oui offre aux consommateurs la possibilité de regrouper leurs achats de produits en circuits courts. Passez commande auprès des producteurs, et venez les récupérer tous les jeudis au Café de Plaisance à Béziers. À retrouver notamment, des fruits et légumes de saison, des confitures artisanales, du miel, du vin, des fromages de chèvre, des jus de fruits et de la viande bio. De quoi vous concocter de savoureux repas !

LES TEMPS DE GASTON

41, avenue Emile-Claparède
✆ 04 67 28 82 50
www.lestempsdegaston.fr
Ouvert du mardi au dimanche de 9h30 à 12h30 et de 17h à 20h. Traiteur. Plateaux sur commande.

Dans cette jolie boutique, des coquillages, crustacés et spécialités marines d'extrême qualité et de toutes provenances ! Les étals se parent de belles huîtres de Tarbouriech de l'étang de Thau et de moules de pleine mer. Les deux sœurs savent de quoi elles parlent car dans cette famille, on travaille dans le coquillage depuis cinq générations... Leur expérience leur permet de proposer des produits variés : huîtres, langoustes, crevettes sauvages, tourteaux, palourdes, bulots, écrevisses... un rayon épicerie marine permet également d'acheter des plats à emporter.

VERY SICILY

Place Pierre Sémard
Ouvert du mardi au dimanche, 8h30-19h30.

Dans les Halles de Béziers, Rosario Musomenci propage non pas la bonne parole, mais les meilleurs produits venus de Sicile. Very Sicily, avec son étal aux couleurs méditerranéennes, propose arancini, salade de poulpe, parmiggiana, charcuterie, fromages… et bien d'autres petits plats cuisinés qui vous régaleront : aubergines farcies à la sicilienne, rouleaux à l'espadon, osso buco… Vous l'aurez compris, ce traiteur diffuse les saveurs siciliennes dans le cœur des Biterrois devenus fans inconditionnels des plats de Rosario, et aussi de son sourire !

BOUGER & BULLER

Vous avez envie d'agrémenter votre séjour biterrois par des activités de loisirs ? Aucun souci, nous avons ce qu'il faut dans ce dossier « Bouger et Buller ». Que vous soyez hyperactifs et avides de sensations ou curieux de découvrir Béziers sous un autre angle, que vous recherchiez des activités à vivre en famille ou plutôt une immersion dans une bulle de bien-être, l'aventure à la carte se trouve dans ce guide. Formidable créateur de souvenirs, le territoire de Béziers Méditerranée se prête à toutes sortes d'escapades, qu'elles soient terrestres avec les circuits VTT et pédestres, aquatiques, avec les balades en paddle sur l'Orb, ou encore ludiques avec les nombreux espaces de jeux de la ville. Quelles que soient vos envies, un seul impératif : assister à un match de l'ASBH, l'équipe de rugby de Béziers, seul club biterrois à évoluer dans l'élite de la Pro D2. Vivez une de ces rencontres, et vous aurez tout compris à l'âme de Béziers.

ASBH RUGBY

Avenue Olympiades
✆ 04 67 11 80 90
www.asbh.net
Stade accessible lors des matchs.

Le sport-roi de l'agglomération de Béziers Méditerranée est naturellement le rugby et plusieurs villages possèdent une ou plusieurs équipes. Le rugby est à Béziers ce que le foot est à Marseille : une véritable histoire d'amour entre les habitants et leur équipe. Record des victoires en championnat de France, record d'invincibilité à domicile, seul club français vainqueur de la coupe d'Europe des clubs. Indissociable du club, le stade Raoul-Barrière, résidence actuelle de l'ASBH en lieu et place du mythique stade de Sauclières. «Aqui es Besiers» !

BÉZIERS AVENTURE

Route de Bessan
✆ 06 25 43 41 37
www.beziersaventure.com
Ouvert des vacances de février à fin novembre. Tarifs complets en ligne. Dès 5 ans.

Venez vous essayer au plaisir de se prendre pour Tarzan, en famille ou entre amis, en toute sécurité, avec un équipement et un encadrement adaptés. Dix parcours de difficultés croissantes, de l'initiation au parcours extrême où les sportifs confirmés évolueront à plus de 10 mètres au-dessus des têtes des promeneurs à travers ponts de singes, tyroliennes, échelles de trappeurs, pas de géant. En exclusivité, pour les amateurs de sensations le grand parcours « tyroliennes » permet de traverser la forêt à une allure vertigineuse en enchaînant les tyroliennes.

BÉZIERS PADEL CLUB

5, avenue Henri Galinier
✆ 09 54 73 45 12
www.bezierspadelclub.com
Ouvert tous les jours en continu à partir de 10h. Réservation terrain de padel à partir de 8 €.

Connaissez-vous le padel ? Non ? Alors courez illico presto au Béziers Padel Club pour voir de quoi il retourne ! Initiez-vous à ce jeu de balles sur l'un des 7 terrains en extérieur : en solo ou en duo, vous passerez un moment fun et convivial ! Et pour vous perfectionner, vous pourrez prendre des cours avec des coachs professionnels. Le complexe dispose aussi d'un terrain de beach volley, d'un terrain de beach tennis, d'un terrain de street basket et enfin d'un terrain de pétanque. De quoi passer de bons moments en famille ou entre amis.

LES BATEAUX DU MIDI

14, rue des Ecluses
✆ 04 67 36 51 24
www.lesbateauxdumidi.com
Tarifs complets sur internet.

En saison, embarquez pour une croisière sur le mythique canal du Midi, partez à la découverte des prestigieuses écluses de Fonseranes, le Tunnel du Malpa et le Pont Canal sur l'Orb. La compagnie propose des croisières commentées, pour des balades en péniches d'une heure à une journée, qu'il vous sera possible d'agrémenter ou non d'un repas à bord, aux accents du terroir. A noter que les bateaux sont climatisés, détail non négligeable en période estivale !

GOLF SAINT-THOMAS

Route de Bessan
✆ 04 67 39 03 09
www.golfsaintthomas.com

Ouvert tous les jours de 8h à 18h. Parcours 18-trous. Abonnement annuel : 1 840 €. Découverte : 6 cours de 1h : 800 €.

Au beau milieu d'un environnement typiquement méditerranéen, le golf Saint-Thomas constitue un véritable espace privilégié pour les golfeurs confirmés ou néophytes. Le parcours de 18 trous (dessiné par Patrice Lambert) sillonne la garrigue biterroise sur plus de 6 kilomètres. Ne vous fiez pas à son apparente facilité, vous aurez besoin de tous vos clubs, de toute votre tête et d'un jeu solide pour scorer. Tout au long de l'année, on participe à des stages pour débuter ou se perfectionner. Ce golf est également doté d'un restaurant.

LASER GAME PARK

11, rue des Artisans
✆ 04 67 76 77 50
www.lasergamepark.com/

Sur réservation de 13h à minuit. Tarifs complets en ligne.

Vous entrez ici dans la plus grande arène de combat laser de la région, le plus grand labyrinthe du Biterrois superbement décoré par le street artiste Zest (qui a aussi peint les cabanes vigneronnes du territoire). Vous évoluerez avec des vestes légères et ultracolorées, vous utiliserez des pistolets laser dernière génération, aux tirs très précis, et enfin, plus de quarante jeux sont disponibles en solo ou en équipe. Formez votre équipe, enfilez votre gilet, et en piste pour une partie de laser game trépidante ! À noter : possibilité de privatiser les lieux.

LA MINI-FERME ENCHANTÉE

Les Jardins de La Pasquière - Route de Sauvian
✆ 06 66 10 18 12

Ouvert à l'année. Entrée 5 €.

C'est un lieu que les familles affectionnent particulièrement. Une petite ferme découverte où les enfants de 1 à 12 ans pourront découvrir les animaux de la ferme et s'émerveiller devant les chèvres, les ânes et les moutons. Toute la basse-cour est bien sûr présente, et avec bienveillance et sous la surveillance des parents, les enfants pourront caresser les animaux, prendre les lapins dans leurs bras, faire des grattouilles aux hamsters ou encore sentir les perruches grimper sur leur tête. Un lieu véritablement enchanté où le respect est de mise.

LE SAS - ESCAPE GAME

17, avenue Jean Moulin
✆ 09 87 31 85 23
www.le-sas.com

Votre mission, sortir de la salle dans laquelle vous êtes en totale immersion depuis 60 minutes. Comment ? En trouvant des indices, en faisant appel à votre logique et enfin en résolvant des énigmes. De trois à six joueurs, devenez maître de votre évasion ! Deux niveaux de difficulté, de quoi garder votre sang-froid pour sortir de cet emprisonnement forcé. C'est un outil parfait pour le teambuilding : il permet d'évaluer l'équipe, de repérer les meneurs et de renforcer la cohésion de groupe. Les enfants de moins de 15 ans doivent être accompagnés d'un adulte.

SMILE KAYAK

Jardin de la plantade
✆ 07 82 38 95 96
www.smilekayak.com

Ouvert du 15 juin au 31 août de 13h30 à 19h30. Location de canoë à partir de 10 €.

Bien qu'en général on aime connaître l'histoire d'une ville par ses vieillies pierres, pourquoi ne pas découvrir celle de Béziers au fil de l'eau ? C'est ce que propose Smile Kayak. En paddle, en canoë ou en bateau à pédales, les habitués pourront sans commencer l'aventure tandis que les débutants pourront bénéficier d'une initiation. Les seules conditions pour pouvoir se mettre à l'eau : être chaussé de baskets et de savoir nager ! Pour une excursion originale, Smile Kayak propose « Béziers by Night », une balade de nuit d'environ une heure et demie.

STADE NAUTIQUE BÉZIERS MÉDITERRANÉE LÉO-LAGRANGE

Avenue Emile-Claparède
✆ 04 67 30 36 31
www.beziers-agglo.org

Plein tarif : de 4,50 € à 5 €. Tarif famille : de 13 € à 15 €.

Ce complexe nautique, face aux arènes, dispose de deux bassins couverts de 25 mètres ainsi que d'un bassin de 50 mètres pour l'été. Selon les jours et les heures, certains bassins sont réservés aux scolaires. Pour les adultes, il existe des cours de niveau selon son objectif d'apprentissage ou de perfectionnement et même des cours d'aquagym (sur réservation). Un espace de remise en forme avec sauna, hammam, bain froid et salle de relaxation complète cet équipement.

TRAMPOLINE SPIRIT

287, allées des Charmes
✆ 04 67 39 84 65
www.trampoline-spirit.fr

Ouvert tous les jours, horaires variables. 7j/7 10h-19h en été. 1h : 12 €. Enfant à partir de 7 ans.

Le trampoline-parc de Béziers saura vous séduire avec ses couleurs toniques de bleu et jaune ! Considéré comme un parc de loisir sportif, ses 1 200 m^2 sont destinés à tous avec des zones réparties en fonction du niveau de chacun, que vous soyez débutant ou « freestyler » confirmé. 45 modules différents sur le cour principal et un espace de Dunk, avec notamment une tour de saut de 2 mètres, 2 bacs à mousse, une zone expert avec des trampolines pro. Notez que les jeunes enfants entre 5 et 7 ans peuvent venir sur les créneaux des mercredis et dimanches matin.

TROT'RANDO 34

✆ 06 34 68 04 50
www.trotrando34.fr

Horaires : 9h30-11h30 et 17h30-19h30. Prix : 29 € par personne. Tarif de groupe à partir de dix personnes.

Profitez des joies de l'électrique avec ces trottinettes... tout-terrain ! Un sacré avantage pour pouvoir sortir des sentiers battus. Accessible de 10 à 77 ans, c'est une façon insolite et écologique de découvrir Béziers, le Canal du Midi et le Massif de la Clape. Des parcours différents sont à votre disposition. 10 km à l'aller et 10 km au retour. Et si vous êtes fatigué, Carine et son camion-balai sont là ! Chaque balade dure environ 2 heures et est encadrée par un moniteur diplômé. A programmer pour les prochaines vacances !

LE JARDIN ÉTOILÉ

3, Rue Léon Baylet
✆ 04 67 32 24 76
www.lejardinetoile.com

Entrez dans univers chaleureux et apaisant pour une pause bien-être réconfortante. L'équipe de professionnels du Jardin Etoilé Spa propose des services personnalisés, adaptés à vos envies et à vos besoins. Alliant bien-être et beauté, vous aurez accès au hammam, au sauna, et au bain à remous. Soins du corps, épilation, manucure et maquillage, vous pourrez aussi mesdames faire un lissage sur vos cheveux, ou bien faire une extension de cils. Un programme d'amincissement peut être mis en place sur une séance ou pour une cure plus longue.

PERLE DE BEAUTÉ

223, rue Marc-Tressol
✆ 04 67 62 00 78
www.perlesdebeaute.com

Du lundi au samedi, 9h-18h. Tarifs complets en ligne.

Entre Orient et Occident, votre institut Perle de Beauté s'inscrit dans un cadre de prestige. Dans cette bulle climatisée et pourvue d'eau douce, des professionnelles de l'esthétique, de la cosmétique et de la relaxation sont à votre écoute et vous invitent à découvrir leurs gammes de soins issues de méthodes ancestrales. Les produits utilisés sont tous naturels, empruntant les bienfaits du miel et des fleurs. Des prestations à la carte ou des formules plus personnelles pour répondre à vos attentes et à vos exigences. Une parenthèse de douceur à vous offrir.

LA VILLA GUY

2, rue Guiseppe Verdi ✆ 04 67 35 26 49
https://lavillaguy.com/

Ouvert tous les jours de 8h à 12h et de 15h à 20h. Forfait à partir de 60 €. Sur réservation uniquement.

Dans le cadre somptueux de la Villa Guy, l'espace bien-être et spa est également ouvert aux personnes de l'extérieur. En véritable écrin de bien-être, les lieux appellent au lâcher-prise. Autorisez-vous une parenthèse bienveillante avec des soins sur mesure. Laissez des mains expertes dénouer vos tensions, rétablir vos énergies et accueillez cette sérénité retrouvée. Des forfaits spécialement conçus pour les non-résidents, ainsi que des soins exclusifs sont à votre disposition : vous pourrez ainsi petit-déjeuner sur place puis profiter d'un massage et du spa.

VOYAGE Ô SPA

20, avenue du Capiscol
✆ 04 67 31 34 54

Institut fermé mercredi et dimanche. Spa fermé le mercredi. Tarifs en ligne.

Venez vivre une expérience hors du temps, une invitation au bien-être dans un lieu magique, pour retrouver paix et harmonie. Grâce à une gamme de soins et de prestations très complète, Aurélie, esthéticienne-cosméticienne, revitalise en profondeur votre corps et votre esprit. L'ensemble des soins est réalisé avec des produits bio, naturels et écoresponsables. Sachez aussi que Voyage Ô spa vous permet de privatiser le spa pour 2, 4 ou 6 personnes : dans une ambiance digne de Las Vegas, profitez du spa au son de votre musique préférée !

Aux quatre coins de la ville, une fois l'effervescence de la journée retombée, c'est un tout autre bouillonnement qui s'éveille. La culture se révèle et anime salles de concert, théâtres, discothèques, galeries d'exposition et ruelles de Béziers. La vie noctambule déferle sur la cité méridionale tel un second souffle : on vibre aux mots des comédiens, on s'enflamme aux sons des musiques vitaminées, on se dandine au rythme des tubes de l'été et on s'exalte pour tous ces passionnés qui intègrent les traditions dans leurs moindres gestes. L'agenda de la ville regorge d'événements annuels à ne pas manquer, de festivals incontournables et d'autres manifestations que l'on vous conseille d'inscrire dans vos tablettes. Sur scène ou dans les rues, dans des lieux intimistes ou au cœur des arènes, le partage, le talent et l'émotion sont les acteurs de la richesse culturelle de Béziers. Alors, on sort ce soir ?

L'USINE À GAZ

Rue du Lieutenant-Pasquet
© 06 45 91 92 82
https://lusineagaz.net/
Ouvert de mi-septembre à mi-août. Trois lieux en un.

A la croisée de l'Orb et du canal du Midi, ce bâtiment de pierre taillée alliant verre teinté et métal, beau patrimoine industriel biterrois, est LE club branché de la ville. Il accueille les jeunes fêtards dans deux salles pour deux ambiances : clubbing ou pop-rock et eighties. De juin à septembre, on peut continuer à danser à l'air libre dans l'espace Garden Chic. Tout au long de l'année, les soirées à thème s'enchaînent. Une bien belle reconversion pour cette ancienne usine à gaz, propriété de Gaz de France, qui était vouée à la démolition.

LA BOÎTE À RÊVE, THÉÂTRE DES FRANCISCAINS

13, boulevard Du-Guesclin
Les soirs de représentation, le théâtre ouvre ses portes 1h avant.

Le Théâtre des Franciscains est à la fois un haut lieu de la création artistique à Béziers, un agréable théâtre, et une résidence d'artistes pour des troupes du monde entier. Ce théâtre est un incontournable dans la création, la promotion et la valorisation artistique. Spectacles de théâtre, de magie, de danse et de musique, toutes les disciplines sont mises en scène. Lors des Rendez-vous de Riquet, le théâtre accueille les enfants de 6 à 12 ans pour des ateliers d'initiation aux arts de la scène.

LES ARÈNES

1, avenue Jean-Constans
© 04 67 76 13 45
www.arenes-beziers.com
Billetterie en ligne.

Construites en 1897, les arènes ont accueilli leur première corrida la même année. Souvent surnommée la «Séville française», Béziers, par ses traditions tauromachiques, est l'une des premières places taurines de France. C'est le vigneron et mécène boujanais (de Boujan-sur-Libron) Castelbon de Beauxhostes qui fit des arènes un haut lieu de l'art lyrique. Saint-Saëns et Fauré y réalisèrent deux opéras, et *Déjanire*, en représentation le 28 août 1898, fut le premier d'une longue série. Les arènes cultivent encore cette dualité en accueillant spectacles taurins et concerts toute l'année.

LE CAPHARNARHUM

Avenue Joseph-Lazare
www.capharnarhum.info/
Ouvert de 18h à 1h, les vendredi et samedi.

Dans une péniche construite en 1952 à Toulon, Le Capharnarhum a fait escale sur les berges du canal du Midi et y assure, le week-end, de bons concerts – rock, ragga, électro, jazz… – et quelques soirées vitaminées de musiques électroniques – essentiellement drum'n bass, break beat… Parmi les boissons favorites des habitués : planteur, grog antillais, p'tit punch et rhums arrangés. A noter que la maison flottante sert également quelques assiettes créoles pour contenter les petits creux. Sachez qu'il est aussi possible de privatiser les lieux. Classe, n'est-ce-pas ?

CINÉMA MONCINÉ BÉZIERS

3, Carrefour de l'Hours

www.moncine-beziers.com

9 €, enfant de moins de 14 ans, 4,80 €. Tarifs complets en ligne.

Situé dans le centre commercial du Polygone, donc facile pour se stationner, ce cinéma propose neuf salles de projection. Si les grands films sont évidemment à l'affiche, il est aussi possible de regarder des pièces de théâtre en direct de la Comédie-Française, mais aussi des ballets ou des opéras. Chaque salle est équipée de projecteurs numériques dernière génération, et des places sont réservées aux personnes à mobilité réduite. Pensez à télécharger l'application « Mon Ciné » pour avoir toutes les informations à portée de main.

THÉÂTRE DU MINOTAURE

15, rue de Solférino

✆ 04 67 28 45 28

www.minotaure.org

Ouvert à l'année en fonction des représentations.

Le Minotaure est bien plus qu'un théâtre pour Béziers, c'est un véritable lieu de création culturelle indépendant. Cette très jolie salle au prestigieux passé, dénommée à l'origine salle Berlioz, a été construite à la demande de Gustave Fayet, célèbre amateur d'art et riche propriétaire viticole biterrois du début du XXe siècle. Pièces de théâtre, guinguette musette, concerts de musique de chambre, de musiques actuelles et du monde… Le Minotaure accueille des événements culturels dans toutes les disciplines artistiques, univers et provenance.

PALAIS DES CONGRÈS

29, avenue Saint-Saëns

✆ 04 67 76 84 00

www.beziers-congres.fr

Représentations, spectacles et concerts à l'année.

A deux pas du centre-ville, ce lieu accueille des événements culturels de toute sorte – concerts, conférences… –, mais aussi des forums – salon de l'étudiant – et des salons professionnels. Le Palais des congrès de Béziers, dans un cadre fort agréable, dispose d'un amphithéâtre moderne de plus de 800 places – espace Paul-Riquet – et de différents espaces bien adaptés pour organiser expositions, salons ou conférences. Une salle de spectacle à la hauteur des événements programmés, en concordance totale avec le désir de diffusion de la culture au plus grand nombre.

THÉÂTRE MUNICIPAL

Allées Paul-Riquet

✆ 04 67 36 82 82

www.ville-beziers.fr

Billetterie ouverte du mardi au samedi de 13h à 18h.

Bruno Deschamps dirige et assure la programmation des théâtres municipaux de Béziers. A l'image des scènes nationales, théâtre, danse, nouveau cirque, opéra, concert classique, chant lyrique se partagent ici l'affiche. De plus Sabine Barraud s'occupe de la programmation jeune public. Cinq ou six spectacles par an. Dans ce théâtre à l'Italienne, les formules d'abonnement sont particulièrement intéressantes pour les jeunes, les adultes et les familles. Il existe même une carte privilège pour rassasier l'appétit culturel des plus assidus.

SCÈNE DE BAYSSAN

Domaine de Bayssan le Haut

✆ 04 67 28 37 32

https://scene-de-bayssan.herault.fr/

Billetterie en ligne ou sur place du mardi au vendredi de 13h30 à 18h30.

Le domaine de Bayssan, véritable espace de culture et de loisirs, s'étend sur 160 ha. Il se compose d'un parc arboré, planté d'essences méditerranéennes, enveloppant un riche patrimoine bâti et son église désacralisée. C'est un lieu phare de la culture héraultaise, avec ces aménagements structurants ouvert en 2021 : le théâtre Michel Galabru, l'amphithéâtre Claude Nougaro, et son chapiteau-restaurant. La Scène de Bayssan vous propose une programmation aussi riche que variée, à la croisée des chemins de la danse, du théâtre, du cirque ou de la musique.

ZINGA ZANGA

Traverse de Colombiers

✆ 04 67 36 82 82

www.ville-beziers.fr

Ouvert les soirs de représentation, 1h30 avant le spectacle. Location sur les réseaux de billetterie informatique.

Second lieu régional en terme de capacité d'accueil après le Zenith de Montpellier, Zinga Zanga – prononcez Zingo Zango – est une salle de spectacles et de loisirs située à l'ouest de Béziers. Signe de redynamisation du Biterrois, depuis l'automne 2007, elle complète l'offre de salles de l'agglomération biterroise proposée par la municipalité – le théâtre –, le conseil général de l'Hérault – Sortie Ouest – ou la mairie de Sérignan – La Cigalière. Avec un espace confortable et modulable, elle présente une programmation municipale ainsi qu'associative.

SÉRIGNAN

Petite ville vigneronne aux rues étroites, Sérignan est une destination pleine de charme. Ses rues regorgent de témoins du passé, et la place du village, Guillaume Courtet (dominicain et missionnaire, martyrisé au Japon en 1637), grouille de vie les jours de marché. Plus loin, Sérignan-Plage est une station balnéaire très prisée par les touristes. Elle séduit par son côté sauvage et sa magnifique plage de sable fin de plus de 6 km. Sérignan c'est aussi un espace naturel de 140 ha protégé par le Conservatoire du Littoral : le Domaine des Orpellières, considéré comme le plus beau cordon dunaire du Languedoc. Nature et authenticité font de Sérignan un incontournable héraultais.

LA COLLÉGIALE NOTRE-DAME-DE-GRÂCE

Rue du 11-Novembre
✆ 04 99 41 36 36
www.beziers-mediterranee.com

Cette ancienne collégiale a été construite entre les XIIe et XVe siècles, elle porte les traces de fortifications et de meurtrières. Son clocher est composé d'une tour de 30 m à section carrée. Elle avait un but défensif, le mâchicoulis protégeant le portail aux voussures romanes le prouve. Les dimensions intérieures sont impressionnantes : les plafonds à caissons, peints à la gloire de Saint-Louis, culminent à 16,40 mètres.

PARC DE SCULPTURES DU CHÂTEAU VARGOZ

Rue du pont
✆ 06 76 65 67 72
Ouvert 7j/7 de 8h à 18h.

Propriété bourgeoise du XIXe siècle, le château Vargoz est aujourd'hui dédié à l'accueil d'artistes et à la mise en valeur de l'art contemporain. Pensé comme un lieu d'échanges et de partage, le château et son parc accueillent aussi des projets artistiques en lien avec les écoles. Ateliers et projets pédagogiques fleurissent ainsi au château. En outre, les résidences d'artistes ont aussi pour objectif d'enrichir le patrimoine de la ville en proposant des expositions à tous les publics.

MRAC - MUSÉE RÉGIONAL D'ART CONTEMPORAIN OCCITANIE

146, avenue de la Plage
✆ 04 67 17 88 95
mrac.laregion.fr
Basse saison : mardi au vendredi 10h-18h, week-end 13h-18h. Haute saison : mardi au vendredi 11h-19h, week-end 13h-19h.

© J-P DEGAS

Depuis son ouverture en 2006, ce musée géré par la Région présente une collection permanente et des expositions temporaires. Implanté dans une ancienne cave viticole et déployé sur une surface de 3 200 m², il reçoit des artistes français et internationaux contemporains. Grâce à de grandes ouvertures, la lumière naturelle entre dans les volumes des différentes salles d'exposition. Après la visite, les curieux peuvent se rendre dans la librairie-boutique pour repartir avec un souvenir.

LA PASSERELLE SAINT-ROCH

Accès libre toute l'année.

Inaugurée en 2017, la passerelle Saint-Roch surplombe l'Orb. Blanche et aérienne, longue de 80 m et large de 3,50 m, elle est le premier ouvrage d'art à franchir le fleuve depuis l'édification du pont métallique au tout début du XXe siècle. Réservée aux piétons et aux cyclistes, la passerelle constitue un nouveau point d'entrée dans Sérignan : sécurisée, elle est un lien avec les plages. Le parvis Cabrillac, à son arrivée en ville, avec son mur peint, est un témoignage mémoriel dédié au Sérignan d'autrefois. Une parfaite intégration au patrimoine local.

Les Orpellières.
© MARYNE TORCHY

LES ORPELLIÈRES

Domaine des Orpellières
Accès libre.
Situé à l'embouchure de l'Orb, sur les communes de Valras et de Sérignan, le domaine des Orpellières est un espace naturel protégé de 170 hectares. Il comprend une plage, une zone de pré salé et des dunes qui atteignent parfois huit mètres de haut, un record en Languedoc. Des sentiers pédestres qui longent, ici et là, des rondines et des gourgues de salicorne et de tamaris, permettent de découvrir le site exceptionnel et l'étang de la Grande-Maïre. L'été, le secteur et la plage sont accessibles à partir de Valras-Plage en traversant l'Orb avec Lily Passeur.

PLAGE NATURISTE SÉRIGNAN-PLAGE

Cette plage est celle des vacanciers des campings naturistes voisins avec des accès privés et contrôlés. Ce n'est pas une plage vraiment sauvage à cause de la vue sur les urbanisations et le parc d'attraction de Vias-Plage mais elle reste cependant une belle plage de sable fin. La partie naturiste s'étend sur quelque 100 m et la baignade est surveillée de mi-juin à mi-septembre par le personnel du camping. Un espace est réservé aux adolescents moins à l'aise avec la nudité.

RAYONNANT

C'est l'élément majeur du patrimoine contemporain de Sérignan. Le travail du plasticien Daniel Buren (les colonnes du Palais Royal à Paris, c'est lui !) et de l'architecte Nicolas Guillot, structure l'espace urbain sur 3 ha et compose l'environnement immédiat de la salle de spectacle « La Cigalière ». L'inox utilisé pour les 170 poteaux est ajouré et les fibres optiques placées à l'intérieur des piliers permettent, la nuit venue, d'éclairer tous les piliers de l'intérieur et de jouer avec la transparence. Une œuvre singulière !

MAISON DE SITE DES ORPELLIÈRES

Chemin Mer et Soleil
✆ 04 99 41 36 36

Ouverte d'avril à novembre. Accueil Vélo.

Lieu d'information touristique et pédagogique, la Maison de site est nichée au cœur du Domaine des Orpellières, à l'embouchure de l'Orb. Nouvellement ouvert à l'été 2021, le lieu est propice à la découverte de la biodiversité, à l'observation de la beauté des paysages, et pour mieux appréhender les multiples facettes du site et les enjeux environnementaux du territoire. Sur place, Karen vous accueille pour vous parler des animations et des ateliers proposés sur le site.

CASA BELLE €€

13, avenue de Béziers
✆ 04 99 41 00 94
www.casa-belle.fr

Ouvert toute l'année. Chambre à partir de 90 €.

C'est vrai qu'elle est belle la maison d'Evelyne et Gilles. Normal que la Méditerranéenne et l'Auvergnat aient succombé à son charme authentique, si typique des maisons de maître languedociennes de 1830. Nichée en plein cœur du village, elle héberge cinq jolies chambres spacieuses, confortables, meublées et décorées avec goût. Surplombant l'eau rafraîchissante de la piscine, la terrasse de la demeure incite à prolonger son séjour ensoleillé. On y prend le petit déjeuner copieux et varié, fait de produits frais et de productions maison.

DOMAINE DES LAYRES €€

30, rue Herail
✆ 04 67 26 16 27
www.domainedeslayres.fr

Ouvert toute l'année. Gîtes de France (4 épis). Chambre double : 100 à 120 €. Petit déjeuner inclus. Parking. Pas de CB.

Idéal pour rompre la routine, cet ancien domaine viticole est un havre de paix. Situé à 3 km de la plage, 10 km de l'aéroport et à 300 m de la Cigalière, la fameuse salle de spectacles de Sérignan, la bâtisse complètement rénovée et équipée d'une piscine affiche un charme indéniable. Les chambres s'avèrent singulières dans leur décoration et sont équipées du wifi et de la climatisation. Cet idéal pied-à-terre pour rayonner dans la région offre aussi une multitude d'activités à proximité (tennis, le golf, l'équitation, le canoë-kayak, la pêche, karting...).

CAMPING BEAUSÉJOUR**** €€€

La Maire ✆ 04 67 39 50 93
www.camping-beausejour.com

Ouvert du 1er avril au 30 septembre 2022. Tarifs complets en ligne.

Vous rêvez d'un camping de bord de mer avec accès direct à la plage ? Ne cherchez plus, et rendez-vous au camping Beauséjour à Sérignan-Plage pour profiter d'un cadre exceptionnel au bord de la Grande Bleue. Avec de vastes emplacements pour votre tente ou votre caravane, vous pourrez aussi louer des mobil-homes ou de charmants cottages. Profitez des plaisirs du farniente au bord du superbe complexe aquatique avec bains à remous, pataugeoire et espace bien-être. Les plus jeunes apprécieront le mini-club, et les animations raviront petits et grands !

LE SÉRIGNAN-PLAGE***** €€€

✆ 04 67 32 09 61
www.leserignannature.com
Ouvert de mai à octobre. Réservation obligatoire. Tarifs complets en ligne.

Le Sérignan-Plage, dans sa partie «textile», comme «naturiste», offre un accès direct à la plage des Orpellières (même pas un chemin ou une route à traverser). Il propose un centre de remise en forme aquatique et de balnéothérapie, pour un séjour bien-être et sérénité. Il n'est nul besoin de sortir pour faire ses courses, on trouve ici une supérette, des restaurants et même une discothèque. Un très grand boulodrome et des jeux pour enfants. Les emplacements sont vastes et les locations parfaitement équipées. L'idéal pour un séjour en famille.

VILLA BOILEAU €€€

41, avenue de la Pêche
Accueil jusqu'à 6 personnes. Tarifs variables en fonction des saisons. Piscine.

Voici une pépite à quelques encablures de Béziers et de la Méditerranée ! La Villa Boileau est parfaite pour vos séjours entre amis ou en famille puisqu'elle peut accueillir jusqu'à 6 personnes sur 130 m^2. Un cadre ultracontemporain pour des prestations haut de gamme. Parfaitement équipée, et bénéficiant de tout le confort moderne, vous apprécierez la belle terrasse, le jardin clos et paysagé, sa piscine et le barbecue pour les soirée estivales. Climatisée, c'est la location idéale pour des vacances estivales en terres biterroises.

GRRRFOOD €

Boulevard Voltaire
✆ 07 83 13 11 67
grrrfood.blogspot.fr
Menu à partir de 13 €. Sur place ou à emporter.

La *green cantine* d'Isabelle est la promesse de vous régaler tout en mangeant sainement. Cuisine végétalienne et locale, gourmande et savoureuse, colorée et pleine de parfums. Les inspirations suivent les saisons et les compositions à base de légumes, de tofu et d'herbes aromatiques éveillent nos papilles. Le menu, affiché sur un tableau noir et écrit avec des craies de toutes les couleurs, change tous les jours et tout est fait maison. Après avoir arpenté les halles de Sérignan, installez-vous sur la terrasse multicolore pour un déjeuner bien mérité.

THAÏ ET LA CROÛTE €

2, rue Général Cabrié
✆ 07 83 32 24 95
Du lundi au vendredi midi, midi et soir. Sur place et à emporter. De 10h30 à 13h30 et de 18h30 à 20h15.

Jolie découverte que cette roulotte ambulante proposant de la cuisine thaïe. Installée dans le jardin d'un hôtel particulier de Sérignan, au centre du village, c'est une belle surprise ! Pour les amateurs d'exotisme et les gourmets, vous apprécierez les plats frais et de saison. Sur place ou à emporter, on se régale de samoussas poulet curry, de pad thaï crevette, d'un khao pad poulet et son riz sauté aux petits légumes. Les desserts sont tout aussi exquis que ces mets venus d'ailleurs : flan coco banane, panna cotta coco mangue… On adore !

BRASSERIE LE SAINT-ROCH €€

116, allée de la République ✆ 04 67 00 08 10
Ouvert tous les jours de 8h à minuit (sauf le jeudi de 8h à 13h30). Carte : 28 €. Formule midi : 14,90 €. Terrasse.

Raul et Anthony, chefs cuisiniers, ont repris cette brasserie où ils officiaient depuis quatre ans en 2017. Au menu comme à la carte, l'offre varie au fur et à mesure des saisons et de l'inspiration. On pourra par exemple débuter le repas par un cappuccino de butternut ou une mousseline de foie gras, suivre avec des joues de cochon confites ou de la seiche à la plancha et terminer avec de la crème brûlée ou des churros. Lors de la belle saison, le plaisir se prolonge l'après-midi avec des thés, limonades, milkshakes et les fameuses glaces de la maison Movenpick.

MA FERME €€

21, rue Henri Laborit
✆ 04 67 32 26 20
www.maferme.fr
Ouvert toute l'année du jeudi au samedi midi et soir et dimanche midi. Menus : 39 à 49 €. Carte 29 €. Menu enfant 14 €.

Depuis près de cinquante-cinq ans, Ma Ferme régale ses clients en tant que «rendez-vous des fines gueules et des bons vivants», comme ils se décrivent. Nichée au cœur d'un parc, la belle bâtisse rustique n'est pas sans rappeler les ambiances camarguaises. Ici, on est attiré par les saveurs de la cuisine du sud. Dans les assiettes, le chef propose une cuisine bistronomique copieuse, avec des recettes fines et gourmande. Si la bonne cuisine continue de faire la réputation des lieux, l'ambiance y contribue aussi grâce à des soirées musicales jazz. Belle adresse !

MAISON VIEL €€

Chemin de la Prade
✆ 04 48 17 16 60
www.restaurant-maison-viel34.fr
Ouvert tous les jours 12h-14h30 puis 19h-22h. Menu complet : 35 €. Menu enfant : 14 €. Plat seul : 22 €.

Voici un restaurant traditionnel dans le sens noble du terme : décor chic et épuré, carte de vins à rallonge particulièrement orientée vers le terroir, plats rituels... Sa cuisine, française et franche, s'inspire des recettes de grand-mère et compose avec des produits frais et locaux : ravioles d'escargots en entrée, ris de veau aux girolles en plat principal et enfin, une poire au vin pour la gourmandise. Les propositions changent au fil des saisons et sont renforcées par les arrivages. Une table où l'on peut manger les yeux fermés !

LE PATIO D'OC €€

65, allée de la République
✆ 04 48 17 04 53
Ouvert toute l'année, tous les jours de 10h à 1h (sauf le mercredi) en haute saison. Menu midi : 16,90 €. Plat : 8,90 €.

La jolie atmosphère du restaurant n'a d'égal que sa qualité. Ouvert en 2017, l'établissement se compose d'une salle ouverte sur un petit patio calme, et d'une terrasse ombragée. Tranquillement installé, on ne peut qu'hésiter devant la variété des propositions : soupe de crabe avec rouille maison, croustillant de chèvre chaud en feuille de brick et pommes croquantes, carpaccio de saumon citron vert et baies roses... On arrose le tout de beaux vins. Un cadre sympathique, un choix varié, rapport qualité/prix honnête, c'est un rendez-vous tout à fait appréciable.

L'HARMONIE €€€

Chemin de la Barque
✆ 04 67 32 39 30
www.lharmonie.fr
Ouvert toute l'année du mercredi au dimanche 12h-13h30 et 19h30-21h30 (sauf samedi : soir uniquement). Menu : 25 €.

Au rez-de-chaussée d'une vaste construite au bord de l'Orb, un salon privé, suivi d'une salle à manger sobre et élégante noire et blanche, qui s'ouvre sur une délicieuse terrasse. Dans l'assiette, le chef Bruno Cappellari joue une partition culinaire classique qui privilégie les produits de saison issus de producteurs locaux exigeants. Toujours à l'affût de nouvelles techniques, il s'exécute avec brio, jonglant avec le terroir, la tradition et le créatif. Son menu «Diamant noir» lui permet notamment de travailler la truffe et ses nuances. Une table accomplie.

BOULANGERIE PÂTISSERIE GARCIA FRÈRES

4, rue du 14 Juillet
✆ 04 67 32 13 84
Ouvert tous les jours, 6h30-13h/16h-19h30.

S'il ne fallait retenir qu'une adresse de boulangerie-pâtisserie, ce serait celle-ci ! La maison des Frères Garcia est une institution, et sa spécialité, le «pavé aux figues», en est une autre ! Et quand vous rentrerez dans la boutique, les parfums, les couleurs, les formes, mettront tous vos sens en alerte. C'est un florilège de douceurs ! Des pâtisseries et des entremets, des recettes qui évoluent au fil des saisons, et en été des glaces artisanales, parfaites pour se rafraîchir.

LA CAVE DES ARTISTES

138 bis, avenue de la Plage
✆ 04 34 45 71 58
www.lacavedesartistes.com
Ouvert toute l'année, du mardi au samedi, 10h-12h/16h-19h.

C'est ici une cave spécialisée dans les vins du Languedoc, avec une part belle faite aux vins naturels, les bières artisanales et les spiritueux. Avec plus de 300 références, votre caviste saura vous guider et vous conseiller sur un vin en particulier, notamment si vous cherchez un accord mets/vin, mais aussi pour faire un cadeau personnalisé. Un espace dédié aux produits d'Occitanie complète la gamme très étoffée de cette cave. Des soirées dégustation sont très régulièrement organisées, tout comme des expositions d'artistes locaux.

CAVE SI LE VIN

30, place de la Libération
✆ 06 13 59 44 42
www.cavesilevin.com
Ouvert toute l'année, horaires variables.

Installée au cœur du village dans une belle bâtisse vigneronne du XVIIIe siècle, à la jolie façade bleu méditerranéen, la Cave Si le Vin et Sylvain vous accueillent pour une découverte des vins languedociens. Baladez-vous dans ces grands crus, découvrez les saveurs des produits régionaux et, pourquoi pas, participez aux dégustations gourmandes proposées. Dans ce cadre étonnant où une exposition permanente d'œuvres originales de tableaux réalisés à base de pigments de vins vous entourent, vous pourrez aussi organiser votre anniversaire ou des vins d'honneur.

DOMAINE DE QUERELLE

Domaine de Querelle
✆ 06 14 97 35 21
www.domainedequerelle.com

Caveau ouvert du lundi au vendredi de 18h à 20h, samedi de 10h à 13h et de 18h à 20h, ou sur rendez-vous par téléphone.

Vigneron indépendant, Michel Abel produit ses vins dans un souci permanent de qualité. Le terroir sur lequel s'étendent ses 15 ha de vignes est remarquable : avec l'influence de la mer, les vignes qui la surplombent sont disposées en terrasses et les sols sont composés de galets roulés. Un terroir idéal pour la culture de vins d'excellence. Mis à part le blanc qui est en IGP oc, tous les autres vins de Querelle sont en AOC coteaux-du-languedoc. Notez que le domaine de Querelle a obtenu le label « haute valeur environnementale ».

DOMAINE LUPIA

27, route de Vendres
✆ 06 14 96 22 15
www.domainelupia.fr

Du lundi au vendredi, 18h-20h. Mardis, jeudis et samedis, 10h-12h. Visite guidée, juillet-août, en semaine, à 18h30.

Cette exploitation viticole s'est tournée vers les olives depuis 2002. C'est à cette date qu'a été plantée la première oliveraie dont les variétés prédominantes sont l'olivière, la lucques et la picholine. Les années suivantes, les plantations se sont enchaînées et les variétés enrichies. A présent, on trouve également de la clermontaise, l'aglandau, la cornicabra et l'amellau, une variété particulièrement intéressante pour la confiserie avec son goût de rose typique. Trois « huiles d'olives de France » sont produites ainsi que des olives de table.

VERNÈDE PRODUCTEUR

2, chemin des Layres
✆ 06 24 52 49 92

Au marché de Sérignan les lundis, mercredis et vendredis.

Lionel Vernède, agriculteur, travaille avec passion sur sa petite exploitation familiale située à Sérignan. Cultivant fruits et légumes, une partie de son exploitation maraîchère est en bio, et la qualité de sa production fait écho jusqu'aux cuisines des chefs étoilés de renom qui passent régulièrement commande au petit producteur. Les asperges, la spécialité de la maison Verdène, sont d'ailleurs cuisinées et servies à la table de l'Élysée depuis de nombreuses années. C'est donc une valeur sûre que d'aller vous fournir auprès de Lionel Vernède.

LES VIGNERONS DE SÉRIGNAN

114, avenue Roger-Audoux
✆ 04 67 32 23 26
www.vignerons-serignan.com

Basse saison : du lundi au samedi 9h-12h et 15h-18h. Haute saison : jusqu ´à 19h. Dimanche matin en juillet et août.

Le vignoble de cette cave, créé en 1935, s'étend sur 4 communes et rassemble la production de 300 vignerons, souvent citée et primée dans les concours. La gamme née d'une diversité géologique de sol et d'un microclimat maritime, se découvre dans le caveau moderne et accueillant où l'on trouve aussi des idées cadeaux. La cuvée Vermeil du Crès, AOP Languedoc et le muscat sec, Côteaux de Béziers (cuvée Vermeil du Crès), un rouge (cabernet et syrah) et un blanc (chardonnay et viognier).

ESPRIT GLISSE

33, boulevard Victor Hugo
✆ 07 85 74 19 88
www.espritglisse34.com

Activité à partir de 10 €.

Un incontournable à faire lors de votre séjour à Sérignan : une descente sur l'Orb en paddle. En couple, en famille ou entre amis, c'est un moment inoubliable à vivre. Au gré de votre pagaie, vous avancerez sur les eaux de l'Orb et, selon le parcours choisi, vous pourrez observer la nature qui vous entoure. Pour une simple initiation ou une descente jusqu'à la mer et le site des Orpellières, vous serez accro à cette activité ! Petit plus : la prise de vos mensurations pour adapter la taille du paddle. Ce n'est pas un détail, vous serez parfaitement à l'aise !

BAYOU CANOE

Impasse du Bayou Parking de la Passerelle
✆ 07 67 05 11 10
www.bayoucanoe.com

Ouvert d'avril à mi-septembre. Tarifs complets en ligne.

Bayou Canoë propose des excursions et balades en canoë sur l'Orb. Depuis Sérignan, parcourez le fleuve jusqu' à la mer et découvrez le site naturel des Orpellières : c'est l'occasion de vous balader sur la plage et de profiter d'un bain de mer. Dans l'autre sens, en direction de Béziers, remontez l'Orb pour partir à la découverte de ses richesses patrimoniales. En famille ou entre amis, cinq parcours sont disponibles et adaptés à différents niveaux et formes physiques. Une agréable façon de profiter de cet environnement typiquement méditerranéen.

Le port de plaisance de Sérignan, sur l'Orb.

MINI GOLF DU LION

Cosse d'Emmiech
✆ 04 67 39 57 11
www.mini-golf-du-lion.fr
3/14 ans : 7 € (durée illimitée), plus de 16 ans sans minigolf entrée offerte ; avec minigolf 6 € la partie de minigolf.

Situé près de Sérignan Plage, le Mini Golf du Lion est l'endroit idéal pour s'amuser en famille. Ici vous attendent un minigolf de 18 trous et un miniparc de jeux pour enfants. Dans un décor de monde perdu où les dinosaures seront vos compagnons de jeu, tout a été pensé pour passer de super-moments : trampoline, cabane araignée, tyrolienne et toboggan, mais aussi une pêche aux trésors et une fouille paléontologique pour que tous les enfants trouvent à s'amuser. Sur place, un restaurant ravira les petites (ou les grandes) faims avec les brunchs et les tapas.

LA PASEJADE DEL CRES

Parcours disponible en version papier à l'Office de Tourisme, ou téléchargeable sur www.beziers-mediterranee.com

Que diriez-vous d'une petite balade à pied au cœur du vignoble du delta de l'Orb ? Munissez-vous de la carte émise par l'Office de Tourisme de Béziers Méditerranée, et partez à la découverte de Sérignan et de son passé antique. Les origines de la ville remontent en effet à la période de la République romaine, soit au Ier siècle av. J.-C. Au fil des chemins, vous profiterez des vues agréables sur les vignes, la mer, et vous toucherez du doigt le patrimoine exceptionnel de Sérignan avec sa collégiale, ses maisons vigneronnes et son musée d'art contemporain.

RANCH LE PETIT SAM

Parking de la Plage
✆ 04 67 32 57 08
www.ranchlepetitsam.com
Juillet-août tous les jours, septembre à juin sur rendez-vous. Activité à partir de 5 €.

L'équipe du «Petit Sam» vous accueille dans un ranch traditionnel, en bois. Ils proposent plusieurs formules : promenade, randonnée, balade, cour d'équitation, compétition, loisir à poney ou à cheval. Les débutants peuvent s'essayer à une balade d'une ou deux heures, encadrés par un moniteur diplômé le long d'un parcours qui traverse les salins ou la plaine ou encore découvrir la nature environnante, la Maïre et les Orpellières. Des spectacles équestres agrémentent les soirées en période estivale, au ranch ou à l'occasion des fêtes taurines de Béziers.

RANCH SAINT JEAN

✆ 04 67 32 38 88
www.ranchsaintjean.com
Fermé de novembre à avril. Haute saison : tous les jours de 9h à 20h. Balade à cheval : 20 €. Cours de poney : 18 €.

On est tombé amoureux de ce ranch aux abords de Sérignan plage ! Dans une ambiance très Far West, nous voilà directement propulsés dans l'Amérique profonde. Cours de poney pour les petits (à partir de 2 ans), balade à cheval pour les grands ou en calèche pour les moins téméraires, chacun trouvera son activité et sa monture idéale. Si plusieurs types d'excursions existent sur des sites protégés par le Conservatoire du littoral, notre côté romantique a adoré la balade spéciale coucher du soleil dans la garrigue. Le temps suspend son cours…

SUN KARTING ET ACCROPARC

Route de Valras - Le Devois ✆ 04 67 39 57 11
www.sunkarting.fr
Session de 10 minutes : adulte 12 €, enfant 10 €. Parc aventures à partir de 8 €.

Voici un karting d'exception avec une équipe de professionnels à votre écoute pour vous servir au mieux. C'est là l'endroit parfait pour une sortie entre amis ou en famille. Un circuit au tracé plutôt dynamique avec notamment un pont à 270 degrés, six virages relevés et un circuit réservé pour les enfants (où ils pratiqueront la moto, le quad et le karting). Pour compléter le circuit, un parc multiloisirs propose neuf activités : aire de jeux, minityrolienne, parcours filet géant, tir à l'arc, mur d'escalade, course d'orientation, minifoot et slackline.

LA CIGALIÈRE

1, avenue de Béziers
✆ 04 67 32 63 26
www.ville-serignan.fr
Billetterie ouverte du mardi au vendredi 14h-18h30 et également les samedi et dimanche à partir de 16h.

Inaugurée en 2002, La Cigalière est un lieu unique en son genre, œuvre de Nicolas Guillot. Ce bâtiment contemporain, à l'architecte audacieuse, accueille, à l'entrée de la ville, les amateurs des arts vivants. Sa programmation riche et variée diffuse des pièces de théâtre, de la musique, de la danse et des spectacles des arts du cirque d'octobre à juin. Aujourd'hui, la notoriété de cette belle salle de spectacles, dont les abords extérieurs ont été réalisés par l'artiste Daniel Buren, dépasse largement les frontières du pays biterrois.

VALRAS-PLAGE ★

Sise sur la rive droite de l'Orb, Valras-Plage a su garder son aspect traditionnel d'ancien village de pêcheurs. Une atmosphère typique que l'on ressent dans toute la ville, même si le quartier du port de plaisance revêt un aspect plus moderne. Aujourd'hui encore, Valras-Plage cultive son caractère pittoresque avec ses barques et bateaux de pêche le long des berges et son magnifique marché aux poissons. Prenez le temps d'admirer le front de mer et son immense plage qui s'étend jusqu'à l'embouchure de l'Aude, et vous serez conquis.

LA PROMENADE DE LA PLAGE

Accès libre toute l'année.

Sur leur plus grande longueur, les quatre kilomètres de la plage de sable fin qui s'étend de l'embouchure de l'Aude à celle de l'Orb sont bordés par cette promenade. Large et bien aménagée, elle prend, en soirée, des allures de ramblas, avec les nombreux vacanciers ou habitants de l'agglomération Béziers Méditerranée qui viennent s'y promener. *La Baleine*, œuvre du sculpteur Lionel Laussedat, et les cabochons de cuivre du sentier du littoral « entre Aude et Orb » ponctuent cette promenade qu'il est indispensable de parcourir lors d'un séjour à Valras-Plage.

LA PLAGE DES TELLINES

Accès libre et gratuit toute l'année.

Située dans la partie la plus sauvage de la réserve naturelle des Orpellières, à l'embouchure de l'Orb, la plage des Tellines est accessible du 15 juin au 15 septembre grâce au *Lily Passeur*, la navette fluviale (payante). Le reste de l'année, vous pourrez vous y rendre en voiture. On peut aussi depuis l'été 2021 rejoindre la maison du site des Orpellières par un sentier qui part de la plage. L'occasion de visiter ce lieu ludique et enrichissant sur la biodiversité, de profiter de ses aménagements avant de repartir lézarder sur la plage des Tellines.

PALAIS DE LA MAQUETTE ET MUSÉE DU JOUET

11, rue du Lieutenant-Panis
✆ 04 67 39 13 53
www.palaisdelamaquette.com

Fermé en janvier. Se renseigner sur les horaires avant la visite. Adulte 6 €, enfant 5 €.

Unique en France, ce lieu magique de 200 m² consacré essentiellement aux jeux de construction, permet d'admirer des maquettes géantes et animées, réalisées à partir d'une incroyable collection privée de K'nex et de Lego. Plusieurs thèmes y sont proposés : la ville en construction, la station balnéaire, le port de commerce, la cité médiévale, le parc d'attractions... En fin de visite, des briques de Légo et K'nex sont à votre disposition pendant une heure pour jouer aux constructeurs !

La promenade de la plage.

Valras-Plage.

CAMPING LE BELLEVUE

Chemin des pêcheurs
✆ 04 67 37 33 94
www.lebellevue.com
Ouvert du 25 juin au 4 septembre 2022. Tarifs complets en ligne.

Imaginez une pinède ombragée de 11 hectares, à moins d'un kilomètre des plus belles plages de Valras-Plage : ouvrez les yeux, vous êtes au camping Le Bellevue ! Ce domaine vous accueille pour des vacances sous le signe du farniente, de la décontraction et des plaisirs simples. Bungalows, mobile homes et emplacements pour campeur, caravane et camping-car : vous aurez le choix parmi ces hébergements. A ceci s'ajoute les 3 200 m² de parc aquatique : un vrai bonheur pour petits et grands ! Animations et activités sportives complètent le programme des vacances.

DOMAINE DE LA YOLE - WINE RESORT & SPA***** €€

Avenue de la Méditerranée ✆ 04 67 37 33 87
www.campinglayole.fr
Emplacements de 21 à 75 €. Bungalows à partir de 375 €/la semaine. Piscine. Restauration. Hammam, bain bouillonnant.

Le Domaine de la Yole a joué dès le départ la carte du haut de gamme. A travers ses 20 ha de verdure, à 500 m de la plage, ce camping propose des emplacements d'environ 100 m², raccordés à l'eau, à l'électricité et à l'égout. Les hébergements vont du plus simple au plus confort, permettant aux vacanciers d'accéder à une variété de prix et de services. Sur place, on trouve des boutiques, des restaurants et de nombreuses activités (piscines, terrains multisports, tir à l'arc...).

HÔTEL DE LA MER €€

23, Boulevard Michelet
✆ 06 47 24 97 14
www.hoteldelamervalras.com
Ouvert toute l'année. À partir de 58 €. Petit déjeuner 10 €.

Quoi de plus agréable qu'une chambre avec vue sur le front de mer ? C'est ce que vous proposent 14 des 18 chambres de l'Hôtel de la Mer, établissement de la station balnéaire de Valras-Plage. Bénéficiant d'équipements modernes, de la climatisation réversible et d'un accès Wifi gratuit, les chambres sont subtilement décorées de tonalités marines. Le petit plus, la possibilité de prendre votre petit déjeuner depuis votre terrasse avec une vue imprenable sur la Grande Bleue, et ce sans supplément. On apprécie grandement et on plébiscite cet hôtel haut et fort !

HÔTEL LE MIRA-MAR*** €€

Boulevard du Front-de-Mer
✆ 04 67 32 00 31
www.hotel-miramar.org
Ouvert toute l'année. Chambre double de 68 à 130 €. Studio de 1 300 à 3 350 €/semaine. Petit déjeuner : 10,50 €.

L'établissement le plus prestigieux de Valras, classé 3 étoiles a subi d'importants travaux de rénovation. C'est un peu l'hôtel mythique de la station, tenu par la famille Lengay depuis 3 générations ; c'est-à-dire qu'il existait déjà à l'époque des premières saisons touristiques. Vous y trouverez des chambres confortables (dont des appartements grand standing), climatisées, insonorisées, avec mini-bar et télé. Certaines possèdent même un panorama imprenable sur la mer. Un emplacement de choix où les prix varient en fonction du plaisir des yeux.

LES ORPELLIÈRES : TRÉSORS DE NATURE

Accès libre et gratuit toute l'année. Boucle de 4,2 km. Au départ du parking de la Maison du site.

C'est une randonnée dont on ne se lasse pas tant les paysages, quelles que soient les saisons, sont fascinants. Vous êtes ici au cœur de la réserve naturelle des Orpellières. Cette boucle chemine dans cette nature à la biodiversité incroyable et dont la préservation est le maître mot. Lande, prés salés, plage et dunes de sable fin vous dévoileront leurs prodigieuses faune et flore. Montez enfin au belvédère des Tellines pour un panorama à 360 degrés époustouflant.

Le port de plaisance de Valras-Plage.
© KARINE GRÉGOIRE

LA MAISON DU POTIER €€

4, Rue Joseph Castillon

© 07 55 63 04 60

4 chambres. À partir de 85 € la nuit (2 au minimum).

La Maison du Potier abrite quatre chambres d'hôte aux douces tonalités naturelles : la proximité avec la plage (à peine à 300 m) fait écho aux coloris sable et dune de ces pièces décorées avec beaucoup de goût et de sobriété. S'en dégagent beaucoup de sérénité et une profonde envie de se laisser aller à la douceur de vivre en bord de mer, à Valras-Plage. Une grande terrasse, avec bain à remous partagé, sera l'endroit où vous pourrez prendre votre petit déjeuner. Une très belle adresse que l'on vous recommande chaleureusement.

AUX DÉLICES BRETONS €

27, boulevard Jean-Dauga

© 04 67 76 09 49

Fermé de décembre à avril. Ouvert du mardi au dimanche 12h-14h puis 19h-21h30 (jeudi jusqu'à 20h30 et lundi : 12h-17h).

Une crêperie comme on les aime, toute en boiseries. En véritable artisan-crêpier, le patron sert des galettes de sarrasin et des crêpes de froment accompagnées d'un excellent cidre fermier. Ici, toutes les préparations sont maison et les assiettes copieuses, il y en a pour tous les goûts et tous les budgets. Parmi les galettes au blé noir : la chèvre-miel, la Guémené (andouille, camembert, œuf) ou la Terre-Mer (noix de Saint-Jacques, poitrine fumée, asperges). En sucré, la fameuse crêpe Belle Hélène. Les prix sont légers et la qualité est au rendez-vous !

LE DELPHINIUM €€

13, avenue des Elysées

© 04 67 32 73 10

Ouvert du lundi au mercredi, le vendredi et le samedi le midi et le soir, le dimanche midi. Menus de 32 € à 39 €.

Le Delphinium est l'une des grandes tables de Valras. Derrière ses fourneaux, la cheffe Evelyne Deroche, Maître Restaurateur, travaille des produits frais, locaux et d'exception afin de proposer de magnifiques assiettes à ses clients. A titre d'exemple : tartare de poisson au yuzu et baies de la passion, panaché de la mer, brunoise de légume et coulis de homard bleu, choucroute de poisson au beurre nantais… À noter que les poissons cuisinés ici sont exclusivement sauvages. La carte présente un grand choix de vins d'ici et d'ailleurs pour accompagner le repas.

LA MARINE €€

2, boulevard Jean-Moulin

© 04 67 32 00 18

Ouvert tous les jours 9h30-23h30 sauf le mercredi (haute saison). Carte : 32 €. Menu : 27,90 €. Terrasse.

Depuis 2013, cette adresse a tout pour séduire, c'est-à-dire des plats traditionnels revisités et savoureux (foie gras poêlé sur confit d'oignons aux raisins, blanquette de colin aux morilles, magret de canard au roquefort…), une ambiance familiale ainsi qu'un cadre insolite. Effectivement, avec son décor marin, on se croirait presque sur le pont ou dans le salon d'un bateau de croisière. Selon la saison, vous aurez le plaisir de découvrir les suggestions de la cuisine, de siroter un cocktail ou de goûter à un grand panel de glaces et de crêpes.

LA MADRAGUE €€

27, boulevard Jean-Dauga

© 04 67 37 73 45

www.la-madrague.com

Menu de 26 € à 33 €. Menu du jour sur l'ardoise selon arrivage. Carte.

Jolie adresse située face aux bateaux sur le port, la Madrague sent bon le Sud, le soleil et la mer. Avec une carte inspirée par la Grande Bleue et le retour des pêcheurs, la cuisine du restaurant puise dans les recettes authentiques du bassin méditerranéen. Poissons, fruits de mer et crustacés ont la faveur du chef, ce qui n'est pas pour nous déplaire. Roch et Laurence savent recevoir, et l'on se plaît à déguster tourteaux, homards ou langoustines sur leur superbe terrasse aux allures de plage privée. Une adresse que l'on ne saurait que trop vous conseiller !

LA MARMITE DU PÊCHEUR €€

3, boulevard Jean-Dauga

© 04 67 32 46 75

www.la-marmite-du-pecheur.com

Ouvert du mardi au samedi 11h30-13h30 et 18h30-22h et le dimanche de 11h30 à 14h. Menu : à partir de 15,50 €.

Toujours traditionnelle et issue de bon produits, la cuisine fait la part belle aux produits frais de la Méditerranée : assiette de fruits de mer, poisson du jour, Bouillabaisse… Dans l'assiette, on découvre aussi une gardiane de taureau et des moules-frites, des propositions locales qui ne manquent pas de saveur. En dessert, on suit l'inspiration du chef ou on craque pour une succulente mousse au chocolat. Les patrons privilégient les circuits-courts dans les assiettes et dans les verres, c'est pourquoi ils mettent en avant les domaines viticoles de la région.

L'Ô DE VIE €€

23, Boulevard Michelet
✆ 04 99 41 12 06
www.lodevie.fr
Menu à 28 € du lundi au dimanche, au déjeuner. Menu à 49 €. Carte.

Posons le décor : un beau restaurant en front de mer à Valras-Plage, une belle terrasse ombragée. Côté service, une équipe souriante et dynamique. Côté cuisine, une belle gastronomie inspirée de la pêche du jour : des saveurs iodées finement mises en valeur, faisant la part belle aux poissons (issus de la pêche de Jérémie Sauzet) et une créativité délicieusement exécutée pour de belles assiettes parfaitement dressées. Lors de notre passage, à la carte : soupe de poissons de l'Ô de Vie, rouille et ccognac, pareillade de poissons, crumble de pomme. Un bel endroit.

L'ÔDACIEUSE €€

7, avenue du Casino
✆ 07 77 67 40 72
Ouvert du mercredi au dimanche midi et soir. Réservation recommandée. Menus de 20 € à 25 €. Terrasse.

Les amateurs de poissons et coquillages ne s'y trompent pas : l'Odacieuse est le temple de la mer à Valras. A la fois poissonnerie et restaurant, l'établissement encourage la dégustation sur place via des assiettes gourmandes et se charge également de vous proposer des produits d'une rare fraîcheur à emporter. Dans une jolie ambiance de bord de mer, à la décoration digne d'une cabane de pêche, l'équipe s'affaire pour réaliser des plateaux et des marmites de belles compositions. Du bon, du frais et du copieux. Réservation plus que recommandée !

LE PHARE €€

4, boulevard Jean-Moulin
✆ 04 67 37 38 38
www.restaurant-lephare.com
Poisson du jour 19,90 €.

Sans doute le plus bel emplacement de la station, face à la mer, où sont proposés coquillages, poissons, potence et crustacés. Des assiettes bien dressées, copieuses et sans chichi pour un service impeccable, rien à dire ! Simple et efficace. L'après-midi, crêpes, glaces et limonades prolongent le plaisir. À noter qu'une belle carte des vins accompagne le repas. La terrasse est vraiment très agréable, quand, après une balade en bord de mer, il s'agit de se restaurer ou juste boire un verre bien frais. Une adresse que l'on garde pour le cadre et le reste !

LE SÉPIA €€

28, rue Frédéric Mistral
✆ 06 12 57 34 01
www.restaurant-sepia-valras.fr
Ouvert tous les jours midi et soir en haute saison. Menu déjeuner : 25 €. Menu du soir : 35 € verre. Terrasse.

Dans leur joli établissement, le chef concocte des assiettes qui reflètent à merveille son expérience, son savoir-faire et les saveurs favorites du terroir du Sud. Les amateurs de belle cuisine seront particulièrement séduits par ses anchois marinés et petit sablé maison au parmesan, son millefeuille de coques accompagné de sa chantilly, le risotto noir et blanc de seiche de Valras et crème de cranquette, ou encore la pintade rôtie au thym et citrons confits… On comprend facilement d'où provient l'amour que les estivants et locaux portent à cette adresse.

VINS 10 VINS €€

5, boulevard Jean Dauga
✆ 04 48 20 15 32
Menus de 17 € à 27 €.

Un restaurant où les saveurs méditerranéennes sont mises à l'honneur de l'entrée au dessert. Assiettes colorées, travaillées avec des produits frais et de saison, pour une belle dose de gourmandise et de vitamines. Lors de notre passage, nous avons choisi une douceur de chèvre et légumes du soleil confits, suivie par un plat de rouget et seiche en persillade à la plancha, pour finir sur une note sucrée avec une délicieuse crème brûlée à la lavande. Avec en toile de fond la mer, parfaitement installé sur la terrasse « privée »… un vrai moment de bonheur !

BOUCHERIE BANEGAS

40, rue charles Thomas
✆ 04 67 32 38 77
Fermé le lundi.

Installée à Valras-Plage, la maison Banegas est une boucherie-charcuterie artisanale où le métier se fait avec passion depuis trois générations. Des viandes françaises sur les étals et un travail artisanal de la viande de taureau issus des corridas des arènes de Béziers. Un savoir-faire ancré dans les traditions culinaires locales et transmises ici avec passion. N'hésitez pas à demander à votre artisan des conseils de cuisson et des recettes pour accommoder ces viandes, il se fera un plaisir de vous expliquer la recette adaptée en fonction du morceau choisi.

DOMAINE LA YOLE - CAVEAU WINERY

La Yole © 04 67 37 37 85
www.domaine-la-yole.com
Basse saison : du mardi au samedi 9h30-12h30 puis 15h-18h30. Haute saison : tous les jours 10h-13h puis 16h-20h.

C'est dans les années 1950 que Jean Gassier, ingénieur agronome tombe amoureux de ce terroir, déjà connu des romains. Son petit-fils Pierre Gassier reprend l'activité familiale en 1999, et lui impulse une identité et un dynamisme certain. Il en résulte une gamme de vins très agréables, atypiques, reconnus et souvent médaillés. Au chai, côté animations, on n'est pas en reste : repas de vendanges, découvertes gourmandes en été, et au printemps, des balades vigneronnes.

LA RÔTISSERIE DU CASINO

13, avenue des Elysées
© 09 52 79 85 19
www.larotisserieducasi.wixsite.com
Haute saison : tous les jours 7h30-13h puis 16h-19h30. Basse saison : mardi au samedi 7h30-13h puis 16h-19h30.

L'échoppe n'attire pas vraiment le regard mais nous avons tout de suite flairé la bonne adresse ! Ici, c'est avant tout de la bonne charcuterie et des fromages de Lacaune, des petits plats cuisinés (minipoivrons farcis, tapenade maison, pissaladière et autre ratatouille). On retrouve bien sûr des jambonneaux, des travers de porc au miel fondant ou des poulets fermiers à la chair tendre et à la peau craquante. La petite sélection de vins proposée est aussi rigoureuse que le reste. Pratique aussi, de bons sandwichs à déguster en terrasse ou sur la plage.

VALRAS COQUILLAGES

4, Boulevard de la République
© 06 24 86 68 13
Un étal aux halles Marty, un étal boulevard de la République.

Thierry Brondi, pêcheur professionnel originaire du Var, et son beau-fils Louis Fraisse officient chez Valras Coquillages après avoir repris l'enseigne de la famille Vidal. C'est une institution bien ancrée dans le paysage valrassien qui propose, aux halles Marty et sur les étals situés boulevard de la République près de l'office de tourisme, des plateaux de fruits de mer, des coquillages et des crustacés. Vous pourrez aussi vous faire plaisir avec les huîtres de l'étang de Thau, des araignées de mer, ou encore la spécialité de Sète, les succulentes tielles.

LILY PROMENADE

Derrière la fête foraine du Port
© 04 67 31 57 28
www.jetevasion34.com
À partir de 10 €. Sortie de 45 minutes à 3 heures.

À bord du *Speranza*, partez en mer pour une partie de pêche en compagnie de pêcheurs professionnels. Grâce aux cannes à pêche qui vous seront fournies, les poissons mordront à vos appâts ! Autre sortie possible, une découverte des côtes de Valras-Plage ou encore une balade jusqu'aux falaises du Cap d'Agde avec sa plage volcanique et l'île du Fort Brescou. En soirée, laissez-vous tenter par une croisière au coucher de soleil, une sardinade au barbecue en mer ou pourquoi pas une partie de pêche nocturne. Quel que soit votre choix, les souvenirs sont assurés !

SPA SAINT-PIERRE

15, ruelle Saint-Pierre
© 04 67 30 09 36
www.lespasaintpierre.com
Ouvert du mardi au vendredi de 9h à 19h et de 10h à 16h le samedi.

À quelques pas des plages, le Spa Saint-Pierre est une parenthèse de plaisir. Dans un cadre à la fois moderne et chaleureux, le Spa Saint-Pierre est l'allié de votre beauté, un écrin de douceur au service de votre bien-être. Institut de beauté, salon de coiffure, spa et hammam, les soins sont assurés par Céline : soins à la carte à vivre en individuel ou encore rituels pour profiter d'instants à deux. Pour les sportifs et les adeptes de la minceur, le spa a une piscine pour l'aquagym et l'aquabike, et bénéficie du cellu M6, pour sculpter votre silhouette.

CASINO DE VALRAS-PLAGE

4, avenue des Elysées
© 04 67 32 60 60

Au casino de Valras-Plage, le rendez-vous de la chance et des machines à sous (120 en place), le jackpot est roi, mais les joueurs qui le souhaitent peuvent aussi s'essayer à la boule ou aux grands jeux : roulettes, black jack et stud poker. Dans les salons voisins, on se retrouve pour fêter ses gains, danser ou prendre un verre. Situé en plein cœur du Casino, le restaurant est l'endroit idéal pour passer une soirée agréable. Dîners spectacles, orchestres, artistes de variété, assurent une animation permanente dans ce cadre élégant, confortable et feutré.

SAUVIAN

Le petit village de Sauvian échappe à la pression touristique, il s'abrite au cœur de la plaine, invitant le promeneur à un moment de tranquillité. Bordé par l'Orb qui nourrit ses terres agricoles plantées d'oliveraies, et par son coteau où s'épanouissent les cépages en vins AOC, le village possède un beau patrimoine que l'on découvre au détour des rues. Son église Saint-Corneille-et-Saint-Cyprien (XIVe et XVe siècles), la Porte de l'Horloge (XIIe siècle), son château féodal ou encore sa fontaine à obélisque. Proche du littoral et de ses plages de sable fin, et non loin du Canal du Midi, Sauvian est une étape de choix pour des vacances en Occitanie.

L'ÉGLISE SAINT-CORNEILLE-ET-SAINT-CYPRIEN

Place de l'église
✆ 04 67 39 50 27
Accès libre et gratuit.

Cette église est curieusement à l'écart du centre du village. Isolée sur une petite place, cela met en valeur cet édifice des XIVe et XVe siècles avec son entrée en plein cintre à large chevron et son clocher rectangulaire. Les autres singularités de l'édifice sont l'absence d'abside et la couverture charpentée. A l'intérieur de la nef, fonts baptismaux, retable du XVIIe siècle et statue du XIVe siècle valent le détour, sans oublier, en sous-sol une nécropole antique.

BORNE MILLIAIRE

Avenue de Sérignan
Accès libre et gratuit toute l'année.

Au Ier siècle apr. J.-C., les bornes milliaires étaient installées sur les voies de l'Empire romain, tous les 1 478 mètres – lieue gauloise –, jusqu'au forum de Rome, le « point zéro ». La borne milliaire de Sauvian est le témoin de cette lointaine époque. Elle fut installée le 1er août de l'an 10 av. J.-C., par l'empereur Claude. Sur cette route annexe de la Narbonnaise, elle indiquait le chemin aux voyageurs et convois qui venaient de Rome. Après de multiples vicissitudes dues à l'histoire, la borne occupe aujourd'hui sa place d'il y a 2 000 ans.

LA BUENA VIDA €€

Place Paliseul
✆ 06 09 43 72 11
Fermé le lundi. Formule à partir de 15 €.

Vous ne pourrez manquer les sièges rouges de la terrasse, ils sont à l'image du restaurant, très conviviaux ! La Buena Vida est, à Sauvian, l'adresse idéale pour se réunir entre amis autour d'un bon verre, de quelques savoureuses tapas, et d'un match de football ou de rugby. On s'y rend aussi pour manger les midis et goûter aux plats maison, en particulier la fameuse paëlla dont tout le monde ici raffole. Une adresse fort sympathique, pour allier détente, sport et convivialité. Les soirs de match, il est préférable de réserver.

La porte de l'Horloge.

LE NOUVEL AIR €€

Place de Paliseul
✆ 06 20 59 01 10
Ouvert les midis du mardi au dimanche, les soirs du mercredi au samedi. Formule à partir de 17 €.

Une très jolie adresse sur la petite place au cœur de Sauvian. Une belle terrasse et une salle végétalisée des plus agréables. Un cadre sobre et apaisant pour accueillir une cuisine tout en saveurs. La carte à l'ardoise change toutes les semaines. Les produits frais y ont une place de choix, et la cuisine, réalisée à partir de produits régionaux, est à la fois simple et raffinée. De l'entrée au dessert, on se laisse surprendre par la subtilité des goûts. Émilie et Thibault sont accueillants, et il est vraiment plaisant de prendre place à cette table.

LES MIELS DE MON MOULIN

Lieu dit l'Estragol
✆ 04 67 32 45 96
www.lesmielsdemonmoulin.com
Vente directe à la ferme : mercredi, samedi et dimanche, de 9h à 13h.

Laurent a été piqué par la passion des abeilles dès sa plus tendre enfance. Aujourd'hui, c'est avec son épouse Carole qu'ils ouvrent les portes de leur miellerie trois fois par semaine pour déguster l'un des 12 miels produits ici. Riches de près de 350 ruches parsemées sur le littoral, Les Miels de mon Moulin produisent aussi du pollen, de la propolis et des sirops au miel à diluer dans l'eau, ou encore dans les salades de fruits. Selon les besoins ou les aléas climatiques, les abeilles de Laurent et Carole sont emmenées en transhumance.

DOMAINE LA DOMITIENNE

Route de Béziers
✆ 04 48 20 50 55
www.caveauladomitienne.com
Fermé lundi et dimanche.

C'est au cœur du bassin méditerranéen que le domaine La Domitienne, tirant son nom de l'antique voie romaine, étend ses 340 ha entre terre et mer. Yannick Pons, vigneron biterrois, fort de plus de vingt ans d'expérience dans la viticulture, produit ici des vins en AOP languedoc, AOP languedoc-fonseranes, et des IGP pays-d'oc et terre-du-midi. Labellisé « Vignoble et découvertes », le caveau est ouvert aux dégustations : n'hésitez pas à vous y rendre pour découvrir les différents crus du domaine et laissez-vous guider et conseiller lors de vos achats.

ADRÉNALINE BUGGY SPORT

18, route de Béziers
✆ 04 67 00 64 04
www.adrenalinebuggysport.fr
Tarifs complets en ligne. Sur réservation.

Prenez place dans un siège baquet, sécurisé par un harnais, à bord d'un buggy deux places à quatre roues motrices, avec une cylindrée au choix de 500 cc ou 1 100 cc. Confortables et homologuées pour la route, ces sorties en buggy vous assurent des sensations intenses. Pour une sortie à la demi-journée ou un raid de deux jours, l'équipe d'Adrénaline Buggy Sport vous fait découvrir la région de la plus sympathique des façons. Des passionnés à votre écoute, et des prestations parfaitement encadrées. Une activité que l'on vous conseille les yeux fermés.

FONT DE MAZEILLES

Chemin de la Vistoule
✆ 07 87 93 48 47
www.fontdemazeilles.fr
Ouvert du lundi au samedi de 9h à 18h. Boutique en ligne.

Depuis dix ans, Séverine et Julien sont à la tête de l'exploitation familiale, créée par les parents de Séverine et autrefois consacrée exclusivement à deux cultures : la prune d'Ente, transformée en pruneaux, et l'asperge. Ils bichonnent désormais aussi plus de 3 000 oliviers, avec des méthodes propres à l'agriculture raisonnée, et commercialisent eux-mêmes l'essentiel de leur production oléicole en vente directe dans trois boutiques de producteurs (la Ferme Biterroise, la Ferme de Portiragnes et Comptoir Paysans d'Oc à Montpellier).

PISCINE INTERCOMMUNALE ALFRED-NAKACHE

Chemin des Mazeilles
✆ 04 67 01 84 44
Plein tarif : 4,50 €-5 €. Enfant de 3 à 18 ans 3 €-3,50 €.

C'est la toute dernière née des piscines de l'agglomération de Béziers Méditerranée. Avec son bassin extérieur de 50 mètres, son bassin intérieur de 25 mètres et son aire de jeux nautiques avec pentagliss, ce centre aquatique fait le bonheur des petits et des grands poissons, des sportifs et des amateurs, des touristes et des habitants de l'agglomération. Des lignes contemporaines et des espaces lumineux font de cette piscine un agréable lieu de loisir.

VILLENEUVE-LÈS-BÉZIERS

A quelques encablures de Béziers, ce petit village, fortifié pendant des siècles, a su conserver de son passé sa splendide église romane et la tour de l'ancienne demeure du baron de Villeneuve. Traversé par le Canal du Midi, Villeneuve-lès-Béziers offre une agréable promenade le long de la voie d'eau. Les plaisanciers apprécieront d'amarrer à la halte nautique pour partir à la découverte de la cité. Aux beaux jours, la place de la Révolution se remplit de terrasses de cafés où vous aimerez prendre un verre. Cette place, lieu privilégié des ferias et autres festivités, est le cœur battant du village. Une visite s'impose !

LA GABARE

Boulevard Pasteur

✆ 04 99 41 36 36

Ouvert en saison. Accueil Vélo.

Quoi de plus insolite qu'un office de tourisme flottant ? C'est ce que vous rencontrerez en venant à Villeneuve-lès-Béziers ! En famille, en couple ou entre amis, embarquez avec Karine sur la gabare *Pescaluna* : sur le Canal du Midi, vous trouverez ici toutes les informations pour que votre séjour soit unique ! A disposition, de la documentation sur les circuits vélo, les loisirs, les hébergements, les animations et les bonnes tables du coin. Karine est à votre écoute et saura vous orienter en fonction de vos envies de découverte.

ÉGLISE SAINT-ÉTIENNE

1, Place Roger Salengro

✆ 04 67 39 47 80

Gratuit.

La première preuve de l'existence d'un édifice religieux à Villeneuve-lès-Béziers remonte à 983, sa mention figurait dans une charte du Cartulaire d'Agde. Suite à un important incendie dans le village, une nouvelle église fut construite au XIe siècle. C'est autour de ce monument que le village s'est enroulé. Un de ses éléments les plus remarquables est sa tour-clocher, exceptionnelle par son élancement, datée des Xe et XIe siècles pour la partie inférieure. Elle a été surmontée plus tard de deux étages (XIIe siècle) couronnés par des créneaux et des gargouilles.

BASE ÉCOCANAL

Promenade des Vernets

✆ 06 17 64 49 21

https://bateau-ecole-valras-plage.fr

1h à partir de 35 € pour un bateau 5 places. Tarifs complets en ligne.

Qui n'a jamais rêvé de s'évader en toute liberté sur le canal du Midi ? C'est désormais chose possible avec la base Écocanal qui propose des bateaux électriques pour 5 à 7 personnes. En toute sécurité, ces bateaux sans permis vous permettent de naviguer sur le canal et de profiter de ses eaux calmes et tranquilles, ainsi que de son cadre bucolique. Écocanal dispose également d'une flotte de bateaux thermiques pour des balades d'une demi-journée à une journée. Des vélos sont aussi à la location pour compléter une sympathique journée en plein air !

Canal du Midi à Villeneuve-les-Béziers.

BÉZIERS MÉDITERRANÉE

OENORANDO « ENTRE CANAL DU MIDI ET VIGNOBLES »

Itinéraire disponible en version papier à l'Office de tourisme ou téléchargeable sur www.beziers-mediterranee.com

Aux portes de Béziers, sur le territoire de Villeneuve-lès-Béziers, le vignoble s'étend sur les rives du canal du Midi. L'Oenorando vous mènera à la découverte des paysages et de la mosaïque de cépages, en IGP Pays d'Oc et IGP Coteaux de Béziers, qui profitent des influences maritimes sur des terroirs de galets roulés, caressés par le vent local. La balade dure environ 3 h et permet de marcher 10 km. Puisque vous êtes là, imaginez un instant... Il y a ne serait-ce que 60 ans, au lieu des semelles de vos godillots de rando, on aurait vu s'imprimer sur cette terre battue les fers des chevaux qui halaient les péniches. Ces bateaux ventrus, pansus, dont les flancs regorgeaient de tonneaux de vin d'ici descendaient le canal vers Sète, avant de partir vers de lointains ailleurs... Ou remontaient vers Toulouse, pour abreuver ceux qui travaillaient dur, sous le soleil comme dans les usines. Tout ce « sang de la vigne », produit dans les parcelles alentour, était mis en tonneau, chargé et acheminé par l'artère essentielle qu'était le canal du Midi. L'œuvre de Riquet a en effet largement contribué à l'essor économique du Languedoc, depuis sa création au XVIIe siècle : grâce au transport fluvial bien sûr, mais aussi à l'eau du canal, qui a irrigué des milliers d'hectares de terres agricoles, entre Toulouse et Sète. On transportait essentiellement le vin, mais aussi des céréales, des textiles, du charbon. Et puis des passagers, qui voyageaient bien plus vite ainsi, et surtout plus sereinement que dans des carrosses inconfortables, sur des routes défoncées, à la merci de « bandits de grand chemin ». À Villeneuve-lès-Béziers, ils franchissaient deux écluses, relativement proches : celle d'Arièges, à 9 m d'altitude au-dessus du niveau de la mer ; et celle de Villeneuve, qui « culmine » à 6 m d'altitude.

À voir : Les arches de l'aqueduc de détournement de l'Orb, vestiges à voir dans l'avenue André-Palmade. Il fut construit de 1745 à 1747 et provoqua une pénurie d'alimentation d'eau à Villeneuve...

À savoir : En 1631, Villeneuve devint « lès Béziers ». Avant, il s'appelait « la Crémade », car le village fut ravagé par un incendie, au moment du Sac de Béziers, en 1209, pendant la Croisade contre les Cathares.

À déguster : Les vins d'Alma Cersius, au caveau de vente de la coopérative, labellisée Vignobles & Découvertes, 3, avenue André-Palmade à Villeneuve-lès-Béziers, 04 67 37 77 43. De délicieux crus qui raviront tous les palais.

AUX ANGES GARDIENS €€

7, rue de la Fontaine
✆ 04 67 39 87 15
www.aux-anges-gardiens.com
95 € et 110 € la nuit, petit-déjeuner inclus.

Marie et Bernard ont rénové avec goût cette belle maison de maître du XVe siècle située au centre du village. Derrière ses murs, ils ont aménagé quatre chambres très confortables dans lesquelles on se sent bien. Le charme opère, on se croirait dans un conte de fées. Profitez des beaux jours pour vous prélasser près de la piscine, bouquiner sur la terrasse ou juste flâner dans le jardin. Le petit déjeuner est typiquement français avec différents pains, viennoiseries, salades de fruits, laitages, jus de fruit et boissons chaudes.

LES BERGES DU CANAL**** €€

Promenade des Vernets
✆ 04 67 39 36 09
www.lesbergesducanal.com
Fermé du 20 octobre au 15 mars. Horaires : 8h-19h. 4 étoiles. Mobil-home 4 personnes : 55 €/nuit en haute saison.

Ce très joli terrain est le lieu idéal pour la tranquillité. Le village est à deux pas, Béziers accessible facilement à vélo par les berges du canal. Sur place, on trouve toutes les commodités, ainsi qu'une pizzeria, une rôtisserie avec plats à emporter, une épicerie et un point chaud (pain et viennoiserie) qui assurent un service de tous les jours. À noter : le camping accepte les camping-cars et les mobile-homes peuvent être loués à la nuitée par personne avec des promotions les week-ends. Les prestations et la gentillesse de l'équipe justifient leurs 4 étoiles.

LA CHAMBERTE €€

10, rue de la Source
✆ 04 67 39 84 83
www.lachamberte.com
Ouvert toute l'année. Chambre double : 99 € de juin à septembre. Tables d'hôte. Petit déjeuner inclus. Jardin extérieur.

A deux pas du canal du Midi, cette magnifique bâtisse mêle l'authentique au contemporain. La maison possède de très vastes volumes qui ont été habillés de couleurs chaudes. Le jardin, très bien entretenu, abrite un coin lecture et un espace repas, on pourra également lézarder au soleil. Les chambres climatisées sont décorées avec goût, spacieuses, et donneraient presque envie de ne pas sortir tant elles sont agréables et confortables. Vos hôtes vous feront découvrir une cuisine ensoleillée, accompagnée d'une fine sélection de vins du Languedoc.

HÔTEL-RESTAURANT LES ENFANTS TERRIBLES €€

28, rue de la République

✆ 04 67 39 48 45

Ouvert toute l'année. Chambres à partir de 50 €. Wifi. TV. Restauration.

À deux pas du canal, les copains et les habitués s'y succèdent, du café du matin à l'apéro du soir. Au restaurant, l'accueil est exceptionnel et aux fourneaux, se trouve un cuisinier hors pair. Sa cuisine, toujours très efficace, est particulièrement tournée vers le poisson. Pour poursuivre ce délicieux moment, l'établissement dispose de plusieurs chambres bien équipées et aménagées dans des styles baroque, pop art, ou champêtre, une adresse pleine de personnalité donc !

L'AMIRADA €€

Pole Mediterranean

✆ 04 67 93 83 97

www.lamirada.fr

Menus à partir de 15,50 €. Carte. Réservation conseillée.

Après avoir choisi votre table en salle, dans le patio central avec son palmier ou sur la terrasse à l'arrière du restaurant, réveillez vos papilles en douceur par un petit cocktail. La cuisine du chef est gourmande et généreuse, les assiettes sont dressées avec soin. Les plats sont équilibrés, on apprécie les mélanges de textures et la maitrise des cuissons. Viande ou poisson votre voyage gustatif devrait bien se passer, surtout si vous l'accompagnez d'une belle bouteille de vin local. Pour finir votre repas, laissez-vous tenter par un dessert maison.

LE PAVILLON €€

6623, Avenue des Clapiès

✆ 04 67 39 40 00

www.hotel-pavillon-beziers.com/

Chambre à partir de 59 €. Menu à partir de 18 €. Carte. Piscine.

Idéalement situé aux portes de Béziers et à 10 minutes des plages, l'hôtel Le Pavillon sera un point de chute approprié pour des vacances en famille ou même pour un séjour professionnel. Les chambres spacieuses et parfaitement équipées seront votre refuge après une longue journée. Le restaurant L'Amandier vous fera profiter de sa cuisine aux accents du Midi, et vous pourrez à loisir profiter de la piscine et de ses transats dans un cadre somme toute agréable. Un établissement tout à fait satisfaisant pour un séjour en terres biterroises.

LE BOUCAN €€

8, rue Rouvier

✆ 04 48 17 20 13

restaurantleboucan.eatbu.com

Fermé jeudi et dimanche. Formule du midi 16,90 €. Menu à 19,90 €. Terrasse.

Au cœur de Villeneuve-lès-Béziers, le Boucan est un indémodable. En salle ou sur la très agréable terrasse, venez déguster des plats inspirés et délicieux : entre tradition et créativité, les assiettes se parent de saveurs locales et de fraîcheur. Mention spéciale pour les desserts qui sont de véritables gourmandises tant pour les papilles que pour les yeux ! Au hasard des créations culinaires du chef : Ma soupe à l'oignon et comté, suprême de pintade, girolles et purée de pommes de terre, tartelette noisette. Un équilibre parfait !

LE GRAND CAFÉ €

Place de la Révolution

✆ 04 67 39 45 99

Basse saison : ouvert du lundi au samedi. Haute saison : tous les jours. Salades-repas à partir de 10 €.

Voici l'adresse idéale pour casser la croûte. Vous pourrez vous installer sur la grande terrasse qui donne sur la place du village. Au menu, de belles salades repas ou des plats aux saveurs méditerranéennes comme un gratin de macaronis, un tournedos Rossini, des lasagnes maison ou une paëlla de pâtes. Les plats sont de qualité et l'accueil y est familial, tout comme la cuisine. En été, Le Grand Café profite du festival de Jazz – vers le 20 août – qui se tient sur la place ainsi que du rassemblement Harley au mois de septembre. Une adresse vraiment agréable.

LA CRÉMADE €€

1, promenade des Vernets

✆ 04 67 39 41 70

Ouvert du jeudi au mardi le midi et le soir. Carte : 24 € environ. Vin au verre. Terrasse.

Ce restaurant aux allures estivales accueille ses clients dans une salle ou sur une grande terrasse en bordure du canal. En cuisine, des salades-repas, viandes ou poissons, sans oublier de délicieuses pizzas cuites au feu de bois. Côté plats, le choix est très large avec de la seiche à la plancha, le filet de morue gratiné à l'aïoli, le magret de canard, des steaks tartare, des gambas flambées au whisky, des moules... A la belle saison, de nombreux artistes locaux s'invitent à la table et jouent sur la terrasse une musique jazzy ou espagnole.

L'ÉCLUSE €€

16, avenue Pierre-Bérégovoy
✆ 04 28 31 69 50
www.restaurant-ecluse-beziers.fr
Ouvert du lundi au dimanche midi et soir. Terrasse. Formules du midi de 15,50 à 19,50 €. Menu enfant : 13€.

Ce restaurant est un enchantement pour les yeux et les papilles. Ici, on vous propose une cuisine de saison composée de produits de qualité subtilement travaillés. Lors de notre dernier passage nous avons choisi la salade de légumes crus marinés et fromage frais aux herbes en entrée, le risotto de Saint-Jacques aux girolles et lard paysan en plat, et l'entremets au chocolat, cacahuètes et crémeux caramel en dessert. Un coup de cœur pour l'Ecluse qui, en plus d'offrir une cuisine de qualité, dispose d'un cadre bucolique des plus agréable.

L'ÔBERGE DU CANAL €€

5, promenade des Vernets
✆ 04 67 94 10 06
www.oberge-du-canal.fr
Pizza et carte. Vin au verre. Réservation recommandée.

C'est le restaurant du camping éponyme, mais pas seulement...De belles pizzas défilent mais aussi une cuisine beaucoup plus fine. Le talentueux chef Florian Senamaud jongle avec les saveurs et concocte des plats éclectiques et inspirés tels que son tataki de bœuf Aubrac de la ferme de Lariès et betterave rouge, ou encore sa queue de lotte nacrée à la juste température et son écume d'ail noir, sans oublier le finger aux fruits secs, à l'avocat et banane. Tout le monde y trouve son compte, et quel plaisir de manger sur cette terrasse au bord du canal !

LE SOLEAU €€

Avenue Pierre Beregovoy
✆ 04 67 32 59 53
www.restaurant-beziers-lesoleau.fr

Avec son look de pub anglais, Le Soleau séduit par son atmosphère chaleureuse. En salle, sur les confortables banquettes, dans la véranda baignée de lumière ou sur la terrasse dès les premières douceurs, prenez place à l'une des tables pour goûter à la cuisine bistronomique de ce restaurant au charme discret. Des plats généreux, fait maison et au fil des saison. Des produits frais qui à la carte mettent en lumière les incontournables du Soleau comme la parillade de poissons, les linguines du chef ou encore les noix de Saint-Jacques sauvages. Un endroit savoureux.

ALMA CERSIUS

3, rue des Vignerons
✆ 04 67 39 31 79
www.almacersius.com
Boutique en ligne.

La cave coopérative de Cers, fondée il y a 80 ans, s'est regroupée en 2014 avec ses voisines de Portiragnes et Villeneuve-lès-Béziers, pour devenir « Alma Cersius », tout en restant à taille humaine avec ses 167 coopérateurs. Le vignoble s'étend sur 1 200 hectares en IGP Pays d'Oc et IGP Coteaux de Béziers. La coopérative produit des vins originaux, régulièrement primés et de haute qualité. Prestigieux vivier de vins de cépages et d'assemblages, Alma Cersius, propose la dégustation à la cave à Villeneuve-les-Béziers ou au deuxième point de vente à Portiragnes.

LA CUEILLETTE DE LÉON

Chemin de Villeneuve à Cers
✆ 06 35 56 01 80
www.cueillettedeleon.fr
Ouvert du mercredi au samedi de 9h à 19h. S'il pleut, la cueillette de Léon est fermée.

Plutôt que d'acheter des fruits et légumes chez un producteur, la Cueillette de Léon vous propose carrément d'aller les cueillir vous-même. Et c'est bon ! Après avoir reçu quelques consignes pour cueillir proprement et le matériel nécessaire (brouette, sceau, sécateur, couteau), c'est parti pour la cueillette ! Tous les fruits et légumes sont cultivés grâce à une agriculture raisonnée, sans utilisation excessive d'engrais ou de pesticides. Pour savoir ce qu'ils ont dans leur jardin, il suffit d'aller sur leur site internet où ils annoncent ce qui est mûr à point.

DOMAINE DE CAYLUS

✆ 06 13 71 82 95
www.domainedecaylus.fr
Vente à emporter et dégustation sur rendez-vous.

À quelques encablures de la mer, le domaine étire ses 25 ha de vigne certifiés agriculture biologique. C'est aujourd'hui la sixième génération à travailler sur ces terres. Parmi les cépages du domaine, on retrouve le chardonnay, le merlot et le pinot produisant des vins en IGP vin-de-pays-de-l'hérault. Le label bio « Ecocert » garanti la préservation la plus naturelle possible des spécificités de ce terroir d'exception. Grillades, coquillages, charcuterie ou encore viandes rouges s'accommodent parfaitement des saveurs des différents vins produits au domaine.

CERS

La petite et discrète commune de Cers est logée à l'est de Béziers, bordée de surcroît par le Canal du Midi. Il est agréable de se promener sur ses rives et de contempler la beauté de ce site remarquable classé par l'Unesco. Cers offre un indéniable charme, ponctué de quelques trésors patrimoniaux que vous découvrirez au hasard d'une balade dans le village : son église et sa pierre enchâssée d'époque préromane, sa Fontaine Vieille du XVIIe siècle ou encore sa grande éolienne du Moulin du Chemin. Mais Cers est surtout réputé pour son vignoble : baigné de lumière, il produit des vins en Appellation IGP Pays d'Oc et IGP Coteaux de Béziers.

© KARINE GRÉGOIRE

Pont de Caylus à Cers.

LE BISTROT CERSOIS €

16, Avenue de Saint-Bauzille
✆ 04 67 76 43 21

Fermé le jeudi. Plat du jour 9,90 €. Menu à l'ardoise.

Vous serez déjà sous le charme de cette jolie bâtisse méditerranéenne dont la façade jaune est adoucie par le gris souris des ouvertures et la belle enseigne calligraphiée. Au cœur du bourg, avec son agréable terrasse donnant sur une placette, ce restaurant est un petit bonheur ! Avec son ambiance de bistrot un brin chic et la délicieuse simplicité de ses menus présentés à l'ardoise (nouveaux tous les jours), Le Bistrot Cersois est une adresse à retenir pour passer un beau moment de convivialité. Des produits frais de saison pour un maximum d'authenticité.

DONNA LOUISA €€

2 bis, rue de l'Occitanie ✆ 04 99 43 05 93
www.donnalouisa.fr

Ouvert mercredi soir et jeudi soir, et du vendredi au dimanche midi et soir. Sur place ou à emporter. Pizza dès 8,70 €.

Emilie et Gaëtan ont ouvert ce joli restaurant où trône le portrait de l'arrière grand-mère Donna Louisa. Le four à bois dore les pizzas généreusement garnies, et la carte est complétée par d'autres saveurs italiennes, comme le camembert de bufflonne en croûte et son miel d'acacia à la truffe. La cave à charcuterie se fait gourmande avec son jambon de Parme vingt-quatre mois d'affinage. Des spécialités de pâtes éveillent nos envies, et la pizza cinquante nuances de goût nous a fait de l'œil lors de notre passage ! Un restaurant de tradition ponctué de créativité.

VIGNOBLE DELONCA

21, avenue de la Condamine
✆ 04 67 94 40 89
www.vignoble-delonca.com

Ouvert du mardi au vendredi de 9h-12h et de 15h à 18h, samedi de 10h à 12h.

Ce savoir-faire se transmet de génération en génération depuis 1884. Cinq générations, et la sixième en devenir, pour qui l'amour de la vigne est une aventure humaine qui a fait naître, par son travail et le maintien des traditions, des vins authentiques qui racontent l'histoire de cette belle région. Dans le caveau contemporain, face aux vignes et au canal du Midi, vous pourrez déguster leurs trois gammes de vins classés en IGP pays-d'oc et coteaux-de-béziers. À noter que le vignoble Delonca est certifié exploitation haute valeur environnementale (HVE).

DE CERS À BOURBAKI

Accès libre et gratuit toute l'année. Circuit de 17 km.

De tous les circuits VTT proposés par l'Office de Tourisme Béziers Méditerranée, celui-ci est le plus sportif. De Cers à Bourbaki, ou inversement, le circuit offre la possibilité d'arpenter le bois de Bourbaki, situé à l'est de Béziers. S'étirant sur plusieurs dizaines d'hectares de garrigue, le bois offre des sentiers sinueux et pentus, parfaits pour les amateurs de randonnées sportives. Vous pourrez à loisir profiter des autres activités proposées sur place : accrobranche, pont de singe, parcours sportif… et prendre un peu de repos à l'ombre des chênes !

BOUJAN-SUR-LIBRON

Située au nord de Béziers, Boujan-sur-Libron offre aux visiteurs le charme si particulier des circulades languedociennes : osez flâner dans les ruelles étroites, et partez à la découverte du patrimoine de la bourgade, telle l'église Saint-Etienne construite au XIe siècle. Rencontrez les traditions qui font l'âme de la cité : celles de la vigne, avec des domaines et un terroir où les crus affichent de belles distinctions, puis celles relatives au monde taurin, avec les arènes et les 4 férias qui animent la cité de juillet à septembre. Enfin, les rives boisées du Libron vous offriront de délicieuses balades dans la campagne boujanaise.

HÔTEL LE MONESTIE** €€

10, rue Théophile Gautier
✆ 04 67 31 89 89
www.hotel-monestie-beziers.com

Chambre à partir de 100 €. Soirée étape à partir de 95 €. Piscine d'avril à octobre.

Une jolie découverte que cet hôtel 3 étoiles situé à Boujan-sur-Libron. Un établissement contemporain, à la décoration moderne, vous accueille dans une ambiance chaleureuse et décontractée pour vos séjours d'affaires ou de loisirs. Les 36 chambres sont confortables, spacieuses et lumineuses, et on apprécie tout particulièrement les tons sobres de la décoration, mise en valeur par de belles représentations photographiques de Béziers et de sa région. Une piscine, une salle de sport et un espace sauna et hammam complètent à merveille cet endroit. On adore !

L'ÉGLISE SAINT-ÉTIENNE

Accès libre en dehors des célébrations religieuses.

L'église Saint-Étienne a connu une histoire mouvementée : construite au XIe siècle sur les ruines d'une chapelle wisigothique, elle fut détruite, puis rebâtie au XIIIe siècle. Détruite à nouveau et reconstruite au XIVe siècle selon le style gothique. Il ne reste plus de l'église romane qu'un chapiteau et une colonne de marbre de Saint-Pons. Le clocher, quant à lui, a été parachevé au XVIIe siècle : la clé de voûte au sommet porte la date de 1666. Le maître-autel du XVIIIe siècle et la cloche de 1686 sont classés au titre des monuments historiques.

L'ALBA €€

2, allée de l'Espinouse
✆ 04 67 01 37 24

Menus à 16,50 € et 19,50 €. Carte autour de la truffe.

Cet établissement de prestige porte le nom de son produit phare : la «truffe blanche d'Alba» également appelée la «truffe du Piémont». Le chef Gaël Gabriac et son équipe la décline sous toutes ses formes et proposent de magnifiques conjugaisons de saveurs. Le cuisinier met en lumière les multiples saveurs de ce tubercule, créant des alliances harmonieuses. Mais ce n'est pas tout puisque le chef propose aussi des plats de brasserie plus classiques ainsi que des assiettes traiteur, ceux-là changent très régulièrement. Une excellente adresse.

MUSÉE CHAPY

14, rue du Muscat
✆ 04 67 30 03 69
www.beziers-mediterranee.com

Ouvert sur rendez-vous. Participation libre.

Quand un passionné veut faire découvrir sa passion, que fait-il ? Eh bien, il installe ses trésors dans le sous-sol de son habitation, les classe, les range et invite à les découvrir. Et c'est ainsi qu'on peut admirer, à Boujan-sur-Libron, une trentaine de motos de toutes les époques. Car le père Chapy – c'est un surnom, il s'appelle en réalité Patrick Tournié – est un jour tombé amoureux d'une moto et, depuis, il collectionne tout ce qui a trait aux deux-roues à moteur. Au total, ce n'est pas moins de 1 400 pièces qui sont à découvrir.

LA BOUFANELLE €€

Avenue Occitanie
✆ 04 67 30 05 89
www.laboufanelle.fr

Plat du jour 10 €. Carte.

Des formules plutôt rapides pour le midi, et une carte plus étoffée avec des spécialités de burgers maison fort sympathiques. Au menu sur la carte lors de notre passage : croustillant à la fourme d'Ambert et bouquet de salade verte, seiche entière à la plancha en persillade, frites maison et aïoli, fromage blanc aromatisé au miel de J.-C. Canac, apiculteur à Servian. Ici, on travaille en famille, le père en cuisine, la femme et la fille au service. L'ambiance est très sympathique, et les assiettes sont très soignées, que demander de plus ?

BRASSERIE CHEZ HUBERT €€

Allée du Général de Gaulle
✆ 04 67 76 49 06
Menu du jour 18 €.

Sur la place de Boujan-sur-Libron, voici un établissement comme on les aime au *Petit Futé*. Ici, c'est l'esprit village qui règne, sans chichi : la cuisine est comme on aime, simple, de bonne qualité et à des prix plus que raisonnables. Les plats sont bons, disons-le, frais, traditionnels et extrêmement goûteux. L'ardoise est attractive et les plats de viande sont en bonne place. Le service agréable et professionnel se fait avec le sourire, c'est convivial et on apprécie. Savourez l'instant, le Languedoc est dans vos assiettes !

LA RECETTE BY PATCHINO €€

rue de la Margeride
✆ 04 67 93 94 23
https://larecettebypatchino.fr
Plat 14 €. Menus à 18 € et 21,90 €.

Qu'est-ce qu'on l'aime, cette brasserie ! L'ambiance très actuelle et contemporaine de la salle de restaurant plante le décor. La cuisine est à l'image du reste, conviviale, fraîche et aux saveurs très agréables. Elle combine avec délicatesse des notes de Méditerranée et d'Asie, d'ici et d'ailleurs. La précision est de mise, le mélange des goûts, des saveurs et des couleurs fait naître dans l'assiette de véritables tableaux culinaires. Vos papilles voyagent, fermez les yeux et vous vous évadez. À noter que les plats à la carte sont aussi à emporter.

ANTOLIN GLACIER

16, rue Jean Monnet
✆ 04 67 62 03 10
www.glacesantolin.fr
Ouvert du lundi au vendredi, 9h-12h et 14h-18h.

L'aventure a commencé avec un triporteur en 1916, dans les rues de Béziers. C'est dire si la maison Antolin est une institution biterroise ! La qualité des glaces de la maison et la pérennité de l'entreprise lui ont valu l'obtention du prestigieux label « Entreprise du patrimoine vivant ». Bien que les installations soient au dernier cri de la technologie et répondent aux normes de la profession, le savoir-faire, lui, reste intact et le goût n'en est que respecté. Glace en pot individuel ou en bac d'un litre, dessert glacé et bûches de Noël raviront petits et grands.

DOMAINE HAUTE CONDAMINE

Route de Pézenas
✆ 09 65 23 53 79
www.domainehautecondamine.fr
Du lundi au vendredi de 10h à 12h et de 17h à 19h, le samedi de 10h à 12h.

Sur ce domaine de 32 hectares, la cinquième génération de vignerons ainsi que la sixième, représentée par Céline, produisent des cépages nobles tel que la syrah, le cabernet-sauvignon, le merlot, le grenache noir, le cinsault, le sauvignon, le viognier, le muscat petit grain et le chardonnay. La pratique d'une agriculture raisonnée leur a valu la récompense de la certification Haute Valeur Environnementale (HVE). Des vins fins et légers, structurés en bouche, à déguster directement au caveau, ou à la table des restaurants des environs.

Boujan-sur-Libron.

DOMAINE LA JEANNE

3 bis, route de Bédarieux
✆ 04 67 30 20 90
www.domaine-la-jeanne.com
9h30-12h30 du lundi au vendredi, 9h30-12h30 le samedi matin.

C'est entre les vignobles de Saint-Chinian, Faugères et la mer Méditerranée que Frédéric Faro prend le pari un peu fou en 1992 de créer le domaine La Jeanne : 27 ha en vin de pays sur les coteaux du Libron. Son vignoble est constitué de cépages rouges comme le syrah, le carignan, le merlot et le cabernet sauvignon, ainsi que de cépages blancs comme le chardonnay, le viognier et la sauvignon. Depuis 2003, Stéphane Nogatchevsky fait partie de l'aventure, apportant un regard novateur et un savoir-faire amplement reconnu par ses pairs.

CORNEILHAN

Situé sur une hauteur dominant les plaines de l'Orb et du Libron, Corneilhan a toujours été occupé de par sa position stratégique.
Il était un proverbe à Béziers qui disait que « la ville ne craignait rien tant que Corneilhan tenait bon ». De ce passé défensif, le village a gardé, au détour des rues, des vestiges de son château – porche, tours – souvent enclavés dans les maisons. Etape sur le chemin de Compostelle, Corneilhan est aussi une terre de vignes. Sous le soleil du Languedoc, les coteaux s'ancrent dans un terroir dont la plus belle expression vient des terres sablonneuses. Des crus à déguster dans l'un des nombreux domaines de Corneilhan.

BOUCHERIE SÉNÉGAS

97, rue de l'Abesque
✆ 04 67 31 21 10
www.boucherie-senegas.com
Sur le marché de Béziers tous les vendredi de 7h30 à 12h30.

Depuis 1947, de père en fils, la passion et le métier se transmettent chez les Sénégas. Alexandre, la dernière génération, a d'ailleurs été récompensé par le concours Hérault Gourmand pour ses tripes à l'ancienne de 36 heures. Une attribution qui souligne un savoir-faire hors-pair, à l'image de l'enseigne qui met tout en œuvre pour vous proposer des produits artisanaux, naturels et aux saveurs authentiques. La viande est 100 % régionale, sélectionnée avec soin et savoir-faire. Une belle maison et des produits qui nous font saliver.

CAVE COOPÉRATIVE TERROIRS EN GARRIGUES

22, route de Béziers
✆ 04 67 37 71 63
Ouvert du lundi au samedi.

Les vins produits ici sont essentiellement des vins IGP coteaux-de-béziers. Deux caveaux de vente directe, à Bassan et à Corneilhan, près des chais de vinification. Les cuvées à déguster au caveau : Les Clés du Château, Cornelianum, Folies de Bassan et Terroirs en garrigues en vin de cépages (sauvignon, blanc, viognier, syrah rosé). Des vins assumant leur force et leur caractère pour les rouges, leur finesse et leur légèreté pour le rosé, leur fraîcheur et leur rondeur pour les blancs.

DOMAINE D'ÉMILE ET ROSE

Chemin des Tanes
✆ 07 72 34 27 26
www.domainedemile-et-rose.fr
Boutique en ligne.

C'est dans le petit village de Corneilhan qu'Anne-Laure et Marc Royo ont repris en 2018 ce vignoble. Le domaine est baptisé Émile et Rose, en souvenir des prénoms des premiers propriétaires. D'une superficie de 23 hectares, il profite du caractère sablonneux du vignoble de Corneilhan. Le domaine est en agriculture biologique depuis 2004. Sa spécificité reste le fameux carignan blanc, à l'origine de jolies micro-cuvées. La vendange est manuelle, la vinification naturelle et l'élevage se fait en barrique et en amphore ! Un domaine à découvrir.

LES BALCONS DE CORNEILHAN

Itinéraire en version papier disponible à l'Office de Tourisme, ou téléchargeable sur www.beziers-mediterranee.com

Quel meilleur moyen de découvrir un territoire que de le parcourir à VTT ! Cette boucle proposée par l'Office de Tourisme Béziers Méditerranée, propose de partir à l'assaut de la colline de Corneilhan. A l'aller ou au retour, vous arpenterez les chemins dans les vignes. Vous pourrez aussi faire une halte gourmande auprès des producteurs d'huile d'olive et goûter à la Lucques, la perle des olives. Enfin, le promontoire dévoilera à vos regards ébahis toute la beauté des paysages alentour.

ÉGLISE SAINT-LÉONCE

L'église Saint-Léonce surplombe le village de Corneilhan, et de sa terrasse, protégée par la Vierge Marie, se déploie un magnifique panorama. Presque totalement reconstruite à partir en 1870, l'une de ses chapelles romanes est dédiée à Sainte Céronne, jeune vierge née à Corneilhan vers l'an 410. Si son mobilier est intéressant, on peut aussi y admirer les fresques peintes par le peintre fresquiste d'origine estonienne Nicolaï Greshny : cet artiste est à l'origine de nombreuses fresques situées dans les églises du sud et du sud-ouest de la France.

LIGNAN-SUR-ORB

Entre pinède et rivière, le Pech de Montaury et l'Orb, le village de Lignan est une invitation à prendre le temps et s'offrir une parenthèse lignanaise. Explorez les ruelles du centre ancien, découvrez les marques du passé et imaginez les secrets de son château. Profitez de l'île de Tabarkay, parc aux arbres séculaires à proximité de l'Orb, pour d'agréables balades, pour pique-niquer ou encore vous exercez sur le parcours sportif. Un riche programme culturel anime la vie de la commune : le centre culturel et la médiathèque sont ainsi au cœur des animations artistiques de la ville, et les spectacles pour petits et grands sont légion.

L'ÎLE DE TABARKA

Lieu de promenade des Biterrois, l'île de Tabarka est un vaste parc aux arbres séculaires. Un parcours sportif très bien conçu a été aménagé dans cet écrin de verdure : sur 2 km, échauffez vos muscles, courez, sautez, faites de l'exercice, seul, en famille ou entre amis. Ce parc est un but de promenade et de pique-nique en toute saison, mais tout particulièrement lors des chaudes journées d'été, lorsque vous êtes à la recherche de calme et de la fraîcheur. Sur ce site a été tournée une scène du *Petit Baigneur* avec Louis de Funès et Michel Galabru.

LES SOLIVES €€

15, avenue Joseph-Sire
✆ 04 67 39 15 22
www.solives.monsite-orange.fr

Au cœur de Lignan-sur-Orb, vous trouverez refuge dans une maison de maître du XIXe siècle. A l'étage, la chambre « prune » au mobilier ancien et aux broderies de grand-mère est aménagée avec une salle d'eau et un lit deux places. La chambre « citron » comprend deux lits individuels. A l'extérieur, vous pourrez profiter d'un salon de jardin ensoleillé et des réalisations en patchwork, points de croix, fleurs séchées à l'intérieur… confectionnées par vos hôtes eux-mêmes ! A disposition : une cheminée, du matériel de puériculture et un parking.

PIZZY PASTA €€

340, Avenue Ingarrigues
✆ 04 67 36 23 06
Pizza à partir de 8 €. Sur place ou à emporter.

Pour déguster de savoureuses pizzas, c'est ici qu'il faut aller ! On adore la salle accueillante avec ses chaises blanches et ses tables en bois. La carte offre un large choix de pizzas, toutes plus généreuses les unes que les autres. Base tomate ou base crème, elles sont toutes là, avec leur garniture aux saveurs du sud : pesto, romana, Napoli… il sera difficile de choisir ! Si parmi les pizzas classiques vous ne trouvez pas votre bonheur, la liste des pizzas spéciales vous comblera. La terrasse sait se faire apprécier et les retransmissions de match aussi.

L'île de Tabarka.

LA PERLE DU SUD

Avenue Ingarrigues
✆ 07 86 11 42 15
Fermé le lundi et le dimanche après-midi. Traiteur.

La Perle du Sud porte véritablement bien son nom ! Cette poissonnerie propose un étal de poissons, fruits de mer et crustacés d'une extrême fraîcheur ! Les plateaux de fruits de mer sont réalisés selon vos envies et votre budget, et les propositions de plats cuisinés maison sont des plus succulentes. On ne sait que choisir tant l'offre est alléchante. On se laisse séduire par les délicieuses huîtres de chez Tarbouriech, on se fait surprendre par les oursins, quant aux brochettes terre/mer, nos papilles se font plaisir ! Et en plus, on peut manger sur place !

DOMAINE DE RIBAUTE €€€

1, allée des Tilleuls
✆ 04 66 83 01 66
https://domaine-de-ribaute.fr/
Chambre d'hôtes à partir de 170 € la nuit. Maison à partir de 420 € le week-end.

Luxe, calme et volupté : trois mots pour définir le Domaine de Ribaute. C'est entre terre et mer, dans un écrin de vignes, que le château de Ribaute, monument historique des XIVe et XVIe siècles, domine un hameau privé bordé d'un parc aux essences séculaires. A la location, des chambres d'hôtes et 7 maisons, toutes rénovées avec beaucoup de goût et d'élégance. Un environnement des plus plaisant, au bord de la piscine, dans les ruelles ombragées du hameau médiéval ou dans le jardin verdoyant. Des prestations haut de gamme, parfaites pour les réunions de famille.

LIEURAN-LÈS-BÉZIERS

Située à une dizaine de kilomètres au nord de Béziers, Lieuran-lès-Béziers est traversée par le Libron. Inscrit dans le piémont biterrois, le village déploie son caractère pittoresque sur ses hectares de vignobles qui font la renommée de ses domaines. Les coteaux baignés par le soleil méditerranéen accueillent des cépages de renom, cabernet sauvignon, merlot, syrah ou encore muscat. Partez à la découverte de ces terroirs : à pied ou à vélo, à la recherche des trésors de la bourgade ou à la rencontre des vignerons, laissez-vous porter par ce coin de Languedoc où le temps semble suspendu aux grappes de raisin et aux branches des oliviers.

BISTROT DE LA PLACE €€

1, rue de la République
✆ 04 67 36 10 01
http://bistrotdelaplace.wifeo.com/
Menu du jour 13 €. Carte.

Avec une belle terrasse très agréable dès les premiers rayons de soleil, le Bistrot de la Place est une adresse que l'on se doit de fréquenter d'une part pour la convivialité qui y règne, et d'autre part pour la cuisine du chef. Rien de très compliqué : du local, du fait maison, une touche d'inspiration, un écho aux traditions, et voilà une carte généreuse et pleine de saveurs ! On apprécie le choix de salades et d'omelettes et la carte des pizzas est elle aussi bien étoffée. Un service traiteur est assuré pour vos réunions de famille ou d'amis.

Lieuran-lès-Béziers.

DOMAINE PIERRE BELLE

Avenue de Béziers
✆ 04 67 49 17 96
www.domainepierrebelle.com
Ouvert du lundi au samedi de 9h à 12h et de 14h30 à 18h.

C'est au nord de Béziers que s'étend le vignoble de Pierre Belle sur 60 hectares de coteaux argilo-calcaires. Trois générations de vignerons travaillent ensemble, en culture raisonnée, dans ce domaine labellisé haute valeur environnementale. Culture rigoureuse, passion et exigence : les Laguna s'emploient à tirer le meilleur de leurs nombreux cépages. Ne manquez pas de goûter à la Cartagène, cet apéritif doux, un vin de liqueur aussi appelé mistelle, spécialité occitane où un quart d'eau-de-vie de vin est mélangé au jus de raisin.

ESPONDEILHAN

Entre vignes et oliviers, Espondeihan resplendit du charme des petites bourgades languedociennes. Son trésor, la cité l'affiche dans son église du XIIe siècle : Notre-Dame-des-Pins, classée Monument Historique, arbore un style roman de pure tradition provençale. Son portail vaut particulièrement le détour, notamment par son décor de fleurs à quatre pétales, typique de la région au XIIe siècle. Soulignons aussi la présence d'une architecture fortifiée datant du XIVe siècle, mettant en lumière l'usage de l'édifice comme refuge pour la communauté des alentours. Sa cloche et le mobilier ont également été classés au titre des Monuments historiques.

CHAPELLE NOTRE-DAME-DES-PINS

© KARINE GRÉGOIRE

L'église de 1120 est bâtie sur l'emplacement d'une villa romaine. Ce monument roman, au milieu des pins, présente une belle architecture et une décoration remarquable, notamment la corniche très élaborée à l'extérieur des absidioles et le portail à trois voussures. L'église a dû être fortifiée au XIVe siècle. A l'intérieur, on note une cuve baptismale creusée dans la margelle d'un puits gallo-romain, un autel préroman, une vierge du XVIIIe siècle et une cloche du XVIIe siècle.

DOMAINE DE MAJUBIER L'OSTAL **** €€€

Rue des Camps Nègres
✆ 04 67 67 71 62
À partir de 735 € la semaine. 3 gîtes, de 4 à 6 personnes.

Bernadette et Philippe vous ouvrent les portes de leurs 3 gîtes situés à Espondeilhan. Le domaine de Majoubier assoit ses maisons indépendantes aux abords de la propriété viticole des propriétaires. Modernes et parfaitement équipées, chacune des villas possède sa piscine privative, son jardin clos et sa terrasse ombragée. C'est donc en total indépendance que vous profiterez des transats au bord de l'eau, du soleil languedocien et des balades dans les vignes.

LA BRASSERIE D'ESPONDEILHAN €€

38, avenue de la Gare
✆ 09 82 56 81 87
Ouvert tous les jours, sauf le mercredi, 9h-15h/18h-21h. Formule à 20 €.

En plein cœur du village, La Brasserie est une adresse très conviviale où il fait bon s'arrêter et profiter de la carte variée à base de produits frais. Les pizzas et les burgers artisanaux sont alléchants, à consommer sur place ou à emporter, et à la carte lors de notre passage : un saint-marcellin rôti au four, un magret de canard au miel accompagné de frites maison, légumes et salade, le tiramisù maison. La terrasse ombragée est fort agréable, au déjeuner ou au dîner.

BÉZIERS MÉDITERRANÉE

PASSION GOURMANDE ATELIER DE LA CUISINE

50, rue Notre-Dame-des-Pins
✆ 06 10 56 01 63
www.confiturespassiongourmande.fr
Visite du laboratoire sur rendez-vous. Qualité Sud de France.

Marie-Pierre Vital se décrit avant tout par sa passion des confitures et de la cuisine. Maître confiturière, elle est membre de l'Ordre culinaire international. De sa Passion Gourmande naissent des confitures originales et créatives, pleines de goûts et de saveurs. Chaque pot est un objet de décoration, qu'on déguste aussi avec les yeux. Vous pourrez commander toutes les créations de Marie-Pierre sur son site Internet et les retrouver sur les marchés héraultais.

BASSAN

Le cœur du village a gardé l'aspect qu'il avait au début du siècle dernier, avec ses petites places, ses rues étroites, quelques vestiges de ses remparts et du porche datant du XVIIe siècle. Le château, construit vers 1600, ressemble à quadrilatère massif, flanqué de tourelles. Vendu à la Révolution, il n'est pas ouvert à la visite. Bassan abrite un petit joyau : l'église Saint-Pierre-aux-Liens. Du XIIe siècle, elle est fortifiée et présente des peintures murales qui ont fait l'objet d'une restauration en 2013. Outre cette richesse patrimoniale, Bassan a de tout temps été marqué par la culture viticole, encore très présente aujourd'hui.

ÉGLISE SAINT-PIERRE-AUX-LIENS

Accès libre.

© MBP

L'église est mentionnée dès 990. Dédiée à Saint-Pierre-aux-Liens, les archives y étaient conservées dans une niche creusée dans un mur à la base du clocher. Remaniée au XIIe siècle, elle est fortifiée au XIVe siècle. En même temps, un clocher de 20 mètres est édifié et rehaussé par la suite. Aux XVe et XVIe siècles, on construit les deux chapelles latérales. Les peintures ornant la nef en cul de four ont été restaurées, redonnant à l'église son aspect du XIXe siècle.

MONUMENT AUX MORTS

Place Jacques Villeneuve
Accès libre et gratuit toute l'année.

Sculpté par Jacques Villeneuve, Grand Prix de Rome et élève de Jean-Antoine Injalbert, le monument représente le visage d'un poilu, torturé de peur, meurtri par la perte de ses compagnons. Des émotions qui transpirent à travers ce bronze dont il existe 3 exemplaires : un à Bassan, un au Musée des Beaux-Arts de Béziers, et le dernier à Aniane. Ce portrait rend hommage au Capitaine Soulayrol, 38 ans, tué en 1914 ; à Joseph Saplayrolles, 26 ans, disparu en mars 1915… et à une vingtaine d'autres gars du pays. Avec cette simple inscription : « Regarde et souviens-toi ».

LE MUSÉE DES MEUBLES MODESTES

2, rue des Remparts ✆ 04 67 36 11 91
www.lesmeublesmodestes.com
Uniquement sur rendez-vous. Visite autonome : 2 €. Visite contée : 5 €.

À mi-chemin entre le meuble et le jouet en bois, on découvre les Meubles Modestes lors d'une visite contée par Alain Fornells, formidable créateur et conteur. Une histoire s'y déploie, accompagnée par des meubles à thèmes, réalisés à partir de caisses de bois, palettes et autres accessoires anciens. Des mécanismes cachés déclenchent des surprises et accompagnent ses propos. Chaque «meuble modeste» est dédié à un personnage ou à un événement. Il est le maillon d'un conte entre réalité et fiction. Une visite charmante, poétique, étonnante, sur la place de Bassan.

© MBP

La Promenade et le Musée des Meubles Modestes.

SERVIAN

Ourlé de garrigue et traversé par la Thongue, le village de Servian a conservé de son passé des ruelles pittoresques bordées d'anciennes maisons typiquement languedociennes. Du chemin de ronde au Pont Royal en passant par l'église du XIIIe siècle, ces vestiges dessinent Servian à l'époque médiévale, édifié sur un rocher et protégé par des remparts. Quant aux vignes, aux domaines, aux maisons vigneronnes et autres folies biterroises, ils témoignent de l'essor économique que connaît le village depuis le XIXe siècle grâce à la culture de la vigne. Enfin, évadez-vous au Jardin de Saint-Adrien, un jardin extraordinaire classé Jardin Remarquable.

DOMAINE DE FONT NEUVE

32, avenue de Béziers
✆ 04 67 28 55 71
Dégustation sur rendez-vous.

Le Domaine de Font Neuve déploie ses vignes sur le territoire de Bassan. Produisant des vins de terroir en rouge et en rosé, ils sont de plus en IGP Pays d'Oc. Des vins expressifs, à la hauteur des exigences qu'impose la reconnaissance en IGP. Les vins du domaine dévoilent la richesse du terroir qui les accueille, ils déploient des parfums et des saveurs qui fleurent bon le soleil méditerranéen. Avec une viande ou un plateau de fruits de mer, ils accompagnent parfaitement les mets aux notes méridionales. Des vins à découvrir !

TERROIRS EN GARRIGUES

7, avenue de la Gare
✆ 04 67 36 10 53
Ouvert du lundi au samedi.

Les vins produits ici sont essentiellement des vins IGP coteaux-de-béziers. Deux caveaux de vente directe, à Bassan et à Corneilhan, sont situés à proximité des chais de vinification. Les principales cuvées à déguster au caveau : Les Clés du Château, Cornelianum, Folies de Bassan et Terroirs en garrigues en vin de cépages (sauvignon, blanc, viognier, syrah rosé). Des vins assumant leur force et leur caractère pour les rouges, leur finesse et leur légèreté pour le rosé, leur fraîcheur et leur rondeur pour les blancs. Une typicité qui sait se faire apprécier !

ABBATIALE

Accès libre.

De style composite, l'abbatiale est le témoin de l'architecture de plusieurs époques. Un premier bâtiment de style roman a été érigé au XIIIe siècle, puis fortifié et finalement agrandi au XIVe siècle : avec une surélévation de la façade, un allongement de la nef, le percement d'ouvertures gothiques et la construction d'un beffroi. L'église abbatiale sera encore agrandie au XIXe siècle, ce qui lui donnera ses proportions actuelles. Dédiée à saint Julien et à sainte Basilisse d'Antioche, l'abbatiale domine le village et la campagne.

© KARINE GRÉGOIRE

Servian.

PONT ROYAL

Accès libre toute l'année.

Doté de cinq arches, 83 m de long. Ses pierres viennent probablement des carrières Saint Adrien. Un autre pont lui a été accolé, portant l'ensemble à 151 m. Sous une de ses arches coule le ruisseau de Mazel. Sur une autre, on peut voir les clés de voûtes armoriées portant la couronne de comte et les armes du Languedoc, ainsi que la date de 1680, qui correspond vraisemblablement à la date d'inauguration. En raison des crues, notamment celle de 1750, le pont a subi beaucoup de dommages. Il est inscrit à l'inventaire des Monuments historiques depuis 1941.

LE PETIT MOLIERE €€

16 rue Molière
✆ 04 99 41 64 48
www.lepetitmoliere.com
Nuitée à partir de 64 €.

Le Petit Molière vous ouvre les portes de cette charmante maison de vigneron du début du XXe siècle. Nicola, Anglaise, et Gwen, son mari cuisinier, vous proposent de séjourner dans l'une de leur 4 ravissantes chambres d'hôtes, dont l'une d'entre elles bénéficie d'une terrasse privative. Dans le centre historique de Servian, le Petit Molière est le point de chute idéal pour partir à la découverte du Biterrois. Pour vous détendre entre deux balades, installez-vous au bord de la piscine et profitez du cadre verdoyant du jardin.

DOMAINE DE LA GRANGETTE €€€

✆ 04 67 21 51 34
Gîte de France. À partir de 350 € la semaine.

A seulement 800 mètres du centre du village, cet ancien domaine viticole rénové offre deux chambres d'hôte et une suite de charme ainsi que deux gîtes classés trois épis. Les chambres sont aménagées pour accueillir deux personnes dans un cadre rustique typique des intérieurs languedociens. Chacune est équipée d'une salle de bains indépendante tout confort. Les gîtes pouvant accueillir jusqu'à huit personnes, comportent salon, terrasse et jardin. Les fenêtres s'ouvrent sur les vignes et vous pourrez profiter de la piscine hors sol.

CHÂTEAU-HERMITAGE DE COMBAS €€€

✆ 04 67 21 28 78
https://hermitagedecombas.com/
Tarifs variant selon les saisons et les catégories d'appartements. Piscine, tennis, héliport.

Bienvenue à l'Hermitage de Combas où son château du XIIIe siècle et son hameau ont été admirablement restaurés pour en faire un lieu de charme et de prestige. Dotés d'une vingtaine d'appartements, le château et le hameau offrent un cadre exceptionnel pour d'agréables vacances. Dans cet écrin de verdure à la végétation méditerranéenne, vous apprécierez le confort de votre appartement parfaitement équipé. Mention spéciale pour la piscine, l'une des plus belles du Languedoc.

© GOURMANEL

LE JARDIN DE SAINT-ADRIEN

Rond point de Servian
✆ 04 67 39 24 92
www.jardindesaintadrien.com

Ouvert du 3 avril au 1er novembre 2022. Entrée 6 €, enfant de 4 à 12 ans 3 €. Chèque ou espèce.

C'est un jardin extraordinaire, et l'un des sites les plus spectaculaires de la région ! Ici, d'anciennes carrières du Moyen Âge se sont métamorphosées en un écrin de verdure, une bulle végétale où l'opulence des essences fait écho à un tableau coloré que les multiples parfums viennent souligner. Un lieu de contraste où l'on passe de la minéralité des roches à l'ombre des pins, de la magie des fleurs aux reflets des végétaux sur l'un des quatre plans d'eau de ce jardin paysager.

Servian.

LE WALELI'S €

rue du Mas Viel
✆ 04 67 93 72 04
Menus de 11,50 à 15,90 €.

Avec sa couleur orange vitaminée, ses banquettes style brasserie et sa salle baignée de lumière, le Waleli's est une étape bien sympathique pour réveiller nos papilles. En toute simplicité, et franchement quelque fois ça fait du bien, la cuisine se fait gourmande, juste avec quelques produits frais de saison et une dose d'authenticité. Le menu à l'ardoise change tous les jours et on aime ça ! Lors de notre visite, nous nous sommes régalés d'une tarte maison jambon roquefort, d'une saucisse de l'Aveyron et son jus d'herbes pour finir avec un fromage blanc d'Isigny.

LA PANOUILLE €€

60, Grand rue ✆ 04 67 39 27 97
www.lapanouille.com
Ouvert du mardi au samedi 12h-13h30 puis 19h-21h30. Grillades et pizzas. Plats entre 13,50 et 23,50 €.

Cette pizzeria-restaurant fort sympathique vient de déménager de 500 m dans la Grand-Rue pour offrir une terrasse encore plus grande donnant sur le jardin. Avec sa décoration bistrotière, ponctuée de rouge et de gris, l'établissement fait dans le classique. La bonne humeur du service impressionne, on se sent vite comme à la maison. Les patrons se distinguent en servant une cuisine faite maison, des pizzas aux desserts en passant par les sauces. A la carte, on dévore des grillades, pâtes, brochettes de bœuf ou, plus surprenant, la pizza poire-roquefort, la Poiroq !

LES CAVEAUX CLAMERY

Rue Gustave Effel
✆ 04 67 21 83 77
http://clamery.fr/FR/
Du lundi au samedi : 9h30-12h30 et 14h30-18h30.

Cave coopérative émanant de dix caves héraultaises du Bousquet d'Orb à Servian en passant par Octon et Lodève, et soulignant la diversité des terroirs et le savoir-faire des vignerons d'Occitanie. Soucieux de leur environnement et de la préservation de la biodiversité, les vignerons d'Occitanie travaillent selon les principes de la viticulture raisonnée. Aujourd'hui, les vins produits sont issus d'une viticulture respectueuse de l'environnement et conforme aux bonnes pratiques agricoles. Vente de vins et produits du terroir.

DOMAINE DE L'AB TOURRETTE

14, rue Georges Brassens
✆ 04 67 30 39 14
www.abtourrette.com
Bouteilles de 7 € à 18 €.

Créé en 1999, le domaine de l'AB Tourrette s'étend sur 14 ha, et le vignoble se situe sur le territoire des IGP côtes-de- thongue. Le vignoble est entièrement consacré à l'agriculture biologique. Carole et Éric Tourrette partagent avec vous leur passion et leur expertise, et créent à l'unisson une gamme de côtes-de-thongue aux caractères bien affirmés. Le domaine de l'AB Tourrette développe des vins bio qui conviennent à tous les palais et couvrent une large palette d'accords mets-vin.

DOMAINE DE LA BAUME

Route de Pezenas ✆ 04 67 39 29 41
www.domaine-labaume.com
Ouvert du lundi au vendredi de 10h à 18h ; le samedi de 10h à 13h et de 15h à 18h. Animations. Visite.

La grande société australienne BRL Hardy Ltd a débarqué à la fin des années 80, et remis à neuf cet ancien domaine de la famille Prat. En 2003, c'est la société des Grands chais de France qui l'a racheté. Aujourd'hui, le résultat est là : une quarantaine de producteurs du Languedoc-Roussillon livrent leur vendange, pour des cuvées dont la presque totalité part hors des frontières. La Baume produit ainsi trois types de vins de plusieurs cépages (viognier, sauvignon, chardonnay, cabernet-sauvignon, merlot, syrah). La grande réussite ? La cuvée Cabernet-Sauvignon

DOMAINE DE POUZAC

Route d'Abeilhan
✆ 06 03 47 05 17
Visite gratuite du musée sur rendez-vous.

Pouzac est un domaine familial situé à Servian depuis 1870. Couvrant 40 ha de vignes, le domaine est aujourd'hui incarné par la quatrième génération de vignerons, menée par Laurent Bonnet. Les vins, rouges, rosés et blancs, sont produits en agriculture raisonnée. Vous pourrez, sur rendez-vous, visiter leur musée de la distillerie et de l'écurie. Vous découvrirez les travaux agricoles du début du XXe siècle, les outils d'alors et les moyens de locomotion de l'époque, ainsi que la plus ancienne distillerie de la région, datant du XIXe siècle.

LES CROIX DE SERVIAN

Itinéraire cyclable disponible en version papier à l'Office de Tourisme ou à suivre sur www.beziers-mediterranee.com

Enfourchez votre VTT et partez pour la journée à la découverte de la campagne de Servian et des petits trésors qu'elle protège jalousement. Sur près de 27 km, partez à la rencontre des croix de chemins : c'est au début du christianisme que ces croix furent installées à la croisée des chemins, car le diable pouvait se rencontrer partout ! Entre vignes, cyprès et pins, vous effleurerez l'Hermitage de Combas, la chapelle romane du domaine d'Amilhac (un ancien monastère construit sur une villa romaine), et ces croix qui bien évidemment protégeront votre périple !

LE PARK DE SAM-LAND

2, rue du Rec de la Reynarde
✆ 04 67 62 91 19
www.leparkdesamland.fr
Ouvert toute l'année, tous les jours durant les vacances scolaires. À partir de 6,50 €.

Grande aire de jeux ouverte à tous les enfants de 1 à 77 ans. Modules et animations pour développer l'agilité des plus jeunes, le laser-game en extérieur pour les plus grands et pour tous, vous viendrez découvrir la nouvelle activité de réalité virtuelle 4D pour passer un agréable moment : à mi-chemin entre le laser-game et le jeu d'aventure, vous évoluerez sur plus de 120 m² sans fil pour tenter de survivre dans un monde inconnu. Les enfants peuvent bien évidemment venir fêter leur anniversaire avec leurs copains. Un endroit parfait pour les sorties en famille.

VALROS

Cet important bourg a réussi à garder son caractère viticole, malgré sa proximité avec la ville de Béziers. Avec l'ouverture du dernier tronçon de l'autoroute A75, il a retrouvé sa sérénité et son charme d'antan : dans la plaine languedocienne, il en est l'un des villages typiques. Cette commune millénaire, dont les premières traces remontent au Xe siècle, possède quelques vestiges représentatifs des époques passées. Dans ce cadre rural, le paysage est fortement marqué par la présence d'un vignoble aux vins de caractère dans l'appellation Côtes de Thongue. Une visite s'impose, tant auprès de ses domaines et vignerons, que dans le bourg.

TOUR MÉDIÉVALE ★

101, rue de la Mairie
✆ 04 67 98 69 69
www.communes.com/ville-valros
Accès libre et gratuit toute l'année.

Edifié en 1199 sur une nécropole carolingienne, le fort n'a pas eu une grande activité puisqu'il n'a fonctionné que jusqu'en 1250. Visible à des kilomètres à la ronde, cette sentinelle permettait de surveiller avec aisance les alentours. Réaménagé et restauré par la commune, le site de la Tour bénéficie aujourd'hui du label «Tourisme & Handicap» et son accès est libre. Chacun peut y aller à sa convenance et y rester le temps qu'il le souhaite. Un belvédère sur la Tour de Chappe permet d'avoir une vue panoramique, et des bancs et des tables sont à disposition

L'AUBERGE DE LA TOUR*** €€

168, avenue de Pézenas ✆ 04 67 98 52 01
www.hotel-valros.com
Menu à partir de 22 €. Carte. Tarifs des chambres en ligne.

Idéalement situé à Valros, entre Béziers et Pézenas, cet hôtel 3 étoiles est un endroit où règnent calme et sérénité, décoré de deux épis au Logis de France. Philippe et Marilyn Grasset vous accueillent dans une grande salle de restaurant où la cuisine souligne les saveurs du terroir. Les chambres sont très agréables et bénéficient, outre la vue sur la piscine, d'un petit balcon et de tout le confort. Une auberge familiale labellisée Maître Restaurateur comme on les adore, parfaite pour découvrir les richesses du Biterrois !

L'ASPARAGUS €€

2, avenue de Montblanc
✆ 04 67 90 56 28
www.restaurant-asparagus-valros.fr
Fermé le mercredi toute la journée, la mardi soir et le dimanche soir. Menu à partir de 16 €.

Originaires de Forbach en Moselle, le chef et son épouse vous accueillent à L'Asparagus, leur restaurant de Valros, où l'ambiance en salle est à l'image de la gastronomie, feutrée et classique. Entièrement faite maison, la cuisine se veut inspirée des saisons et du marché du jour. Traditionnelle et intuitive, gourmande et généreuse, la gastronomie ici est une ode au bien-manger. Dès les beaux jours, vous apprécierez de manger en terrasse, laquelle offre une vue imprenable sur les vignes. Une adresse à garder soigneusement dans vos tablettes !

DOMAINE LOU PEIRIGAS

Avenue du Petit Train
✆ 06 86 65 34 44
www.domaineloupeirigas.com
Ouvert le lundi de 18h à 20h, le reste du temps sur rendez-vous.

Lou Peirigas, « champ de pierres » en occitan, est un jeune domaine de 10 ha de terrasses villafranchiennes situés au sud-ouest de Pézenas. Brice Bagan a repris une partie du domaine familial pour le travailler exclusivement en agriculture biologique. Depuis 2016, avec des vendanges manuelles, il vinifie l'ensemble de sa production pour faire découvrir l'appellation IGP côtes-de-thongue. Une jolie aventure pour des vins millésimés certifiés en agriculture biologique (AB) et haute valeur environnementale (HVE). N'hésitez pas à lui rendre visite !

MAS GABAREL

Avenue du Petit Train
✆ 06 13 49 39 54
Dégustation et visite gratuites toute l'année sur rendez-vous.

Ce domaine de 15 hectares de vigne est travaillé en agriculture biologique. Le vignoble du Mas Gabarel se compose de différents cépages, implantés sur natures de sols variées et bénéficiant d'expositions diverses, offrant une richesse certaine à chaque cru issu du travail de la vigne. En entrée de gamme, on trouve une cuvée basée sur le fruit, souple et gourmande, disponible dans les trois couleurs. En cœur de gamme, un blanc et un rouge, complexes et concentrés, et enfin un haut de gamme rouge élevé en fût, et un 100 % Muscat petit grain, en IGP Côtes de Thongue.

ALIGNAN-DU-VENT

Alignan-du-Vent est une commune au nom poétique, située en plein vignoble languedocien. Construite en circulade, un plan typiquement languedocien, ses ruelles s'enroulent autour de son château et de l'église. L'existence d'une communauté à cet emplacement remonterait à l'époque gallo-romaine, le village en a d'ailleurs conservé quelques vestiges au travers de sa tour médiévale et de son église du XIIe siècle. Alignan-du-Vent c'est aussi une mosaïque de vignes et d'oliviers lovés au pied du Travers, la colline aux vents. Ce lieu plein de charme possède désormais deux tables d'orientation et des tables pour pique-niquer. A découvrir au grès de balades.

OENORANDO « LES BALCONS D'ALIGNAN-DU-VENT »

Circuit en version papier disponible à l'Office de Tourisme Béziers Méditerranée, ou sur www.beziers-mediterranee.com

« Lou qu'o bist Alignan-del-ben, toudo la bido sen souben » (celui qui a vu Alignan-du-Vent, toute sa vie s'en souvient). Cet itinéraire chemine au cœur du vignoble d'Alignan-du-Vent, offrant un formidable panorama sur la vallée et les villages viticoles. Site exceptionnel, des tables d'orientation permettent de vous situer dans le paysage. Un parcours sportif et plusieurs circuits VTT ont été récemment mis en place et font le bonheur de ses visiteurs, petits et grands.

CAMPING DU MOULIN**

Rue du Moulin
✆ 06 88 26 68 12
Ouvert du 15 juin au 15 septembre. Emplacement 9 € avec accès piscine municipale.

Pour des vacances familiales, choisissez le Camping du Moulin ! Entre mer et montagne, ce camping nature perché sur les hauteurs du village d'Alignan-du-Vent sera le lieu idéal pour un séjour des plus convivial. Qu'il s'agisse de flâner sur les plages de sable fin, de partir explorer la campagne environnante, de découvrir les domaines viticoles qui font la fierté des Héraultais, ce camping sera le point d'encrage parfait pour vivre la dolce vita. Profitez des douces soirées d'été et du chant des cigales et vivez des moments uniques lors des fêtes du village !

Alignan-du-Vent.

PRIEURÉ SAINT-MARTIAL €€€

Route de Valros
✆ 06 50 61 99 03
www.prieure-saint-martial.com
Tarifs des locations en fonction des saisons, en ligne.

Ce bel ensemble de bâtiments composé de cinq appartements avec terrasses, et quatre villas prend place dans un ancien prieuré dont l'authenticité est soulignée par le parc dans lequel il se love avec enchantement. Dans ce cadre arboré en pleine nature, ce lieu offre raffinement et tranquillité aux hôtes qui ici trouveront un havre de paix pour un séjour haut de gamme. Au charme des lieux fait écho la modernité des appartements et des villas, parfaitement équipés pour passer des vacances de rêve. Sans oublier les deux piscines et les jardins, le paradis existe !

CAVEAU D'ALIGNAN-DU-VENT

27, rue de la Guissaume
✆ 04 67 24 93 16
www.cavecooperative.com
Toute l'année du lundi au samedi de 9h à 12h30 et de 15h à 18h30.

Sur l'aire de production des vins de pays des Côtes de Thongue, s'étend le vignoble d'Alignan-du-Vent. Les racines plongent dans un mélange d'argile et de galets et sur le terroir de Neffiès en AOP languedoc sur du schiste. Dans les caveaux, on déguste les Trois couleurs de différents cépages. Issus de sélections parcellaires rigoureuses et d'une sélection pointue des raisins, ces vins sont régulièrement récompensés. Comme ils aiment à se décrire : « les vignerons Alignan Neffies, c'est plus qu'un vin. C'est un art de vivre, un style, une audace, une signature ».

DOMAINE BOURDIC

D13 ✆ 04 67 24 98 08
https://domainebourdic.com

Le domaine Bourdic trouve ses origines au XVIIIe siècle. Repris depuis plusieurs années par Christa Vogel et Hans Hürlimann, deux Suisses tombés amoureux des lieux et du travail de la vigne, il produit des vins en agriculture biologique. Les sols caractéristiques (terrain marne, sol argilo-calcaire, sédiments avec fossiles) et le savoir-faire du couple donnent naissance à des vins typiques et singuliers, soulignant les particularités du terroir. Rouge, blanc et rosé diffusent dans leurs robes toutes les subtilités des vins du Sud, baignés de soleil.

DOMAINE CAMP LOUIS

Route de Valros
✆ 06 30 97 30 78
Accueil du public en vente directe sur rendez-vous.

A Alignan-du-Vent, le Domaine Camp Louis, labellisée Vignobles et Découvertes, cultive ses vignes dans le cadre d'une agriculture raisonnée, dans le respect de l'environnement. Les vins produits sont frais et élégants, et vous pourrez les déguster en prenant rendez-vous directement au domaine. Lors des Jeudis de Béziers, en période estivale, retrouvez le domaine et ses crus pour des dégustations musicales ! Cabernet, Merlot, Chardonnay et Rosé Manon font partie des cépages du domaine. Des saveurs languedociennes qui se marient avec de nombreux plats de région.

DOMAINE DE BRESCOU

Route de Margon
✆ 04 67 24 96 66
www.brescou.com
Boutique ouverte de 13h30 à 17h30 du lundi au vendredi.

Domaine misant davantage sur la qualité que sur la quantité, il fournit bon nombre de tables du coin, et exporte aussi beaucoup ses vins. L'histoire de ce domaine remonte au XIVe siècle, aujourd'hui, il est planté de merlot, cabernet sauvignon, pinot noir, syrah, Carignan, grenache et chardonnay et viognier pour les blancs. Vinification traditionnelle, longue cuvaison, et vieillissement en fûts de chêne font de ces vins de véritables nectars. Le domaine est depuis plusieurs années labellisé Terra Vitis, illustration d'une viticulture raisonnée.

MAS CABROL

12, rue de la Prade
✆ 06 83 71 21 92
Ouvert du lundi au samedi de 9h à 19h. Bienvenue à la Ferme.

Vente de fruits et légumes produits sur place à la ferme. Selon les saisons, vous vous régalerez d'asperges vertes, de fraises gorgées de sucre, de pêches et de nectarines juteuses, d'abricots à parfaite maturité, de tomates pour de délicieux gaspachos, des oignons et des courgettes pour agrémenter vos plats aux accents du Sud, mais aussi de produits du terroir tels des terrines, des jus de fruits et des vins des domaines des environs. Des produits 100 % héraultais pour une consommation locale favorisant les circuits courts.

VILLA VENTURI

18, rue du Moulin
✆ 06 13 24 05 67
http://villa-venturi.fr
Sur rendez-vous.

Fabienne et Bruno Venturi, vignerons indépendants en agriculture biologique, élaborent des vins dans le respect du terroir et de l'environnement en répondant strictement au cahier des charges de l'agriculture biologique correspondant à l'appellation « Vin bio ». 8 ha de vignes, travaillées le plus naturellement possible, et plantés de ces différents cépages : chardonnay, muscat, sauvignon, vermentino, syrah et grenache. Des vins de qualité, fins et subtils, apportant douceur et fruité au palais, pour répondre à tous les accords mets et vins.

MONTBLANC

Village du Languedoc méditerranéen, Montblanc, juchée sur sa colline, domine la plaine environnante, arrosée par la Lène, affluent de la Thongue. La plus ancienne des mentions du village dans les textes remonte au XIIe siècle. Montblanc a donc été marqué par l'histoire, et les traces de son passé sont encore bien présentes dans le patrimoine de la cité. A ce titre, rendez-vous dans les locaux de l'Hôtel de Ville pour découvrir la collection créée par Monsieur Edouard Barthe, ancien député et maire de la ville de 1882 à 1949 : des gravures, sculptures et peintures témoignent de la beauté de la région et de sa diversité culturelle.

ÉGLISE SAINTE-EULALIE

1, rue du chanoine Lachaud
✆ 04 67 98 50 03

Cette église est très imposante, et dans ses pierres on peut lire presque cent ans d'histoire. Elle est dépouillée, comme le furent les premiers édifices romains. Des murs de soubassement datant du Ier siècle apr. J.-C. ont été mis à jour. La tour-clocher, construite par les chevaliers de Saint-Jean de Jérusalem aux XIIIe et XIVe siècles, culmine à 32 m de haut et permettait aux guetteurs de surveiller les environs. Elle fut classée monument historique en 1987. Son toit en escalier ressemble beaucoup à celui de Notre-Dame-de-la-Mer aux Saintes-Maries.

LE FOUR BANAL

rue du Four Banal
Accès libre et gratuit toute l'année.

Ce four banal date de l'époque médiévale. A cette époque, et durant des siècles, tous les Montblanais, moyennant redevance au seigneur, ont fait cuire leur pain dans ce four, situé au centre du village. Habillement restauré, il a été dégagé des bâtiments qui l'entouraient. Aujourd'hui, le visiteur peut observer l'aspect primitif du four banal ainsi que le dernier pétrin utilisé, témoins d'un passé où la notion de communauté villageoise se forgeait en cuisant son pain. Le four est véritablement mis en valeur, notamment avec la placette faisant comme un parvis.

LA MAISON CONSULAIRE

Rue Lafayette
Ouvert en saison.

Sous la République romaine, les consuls étaient les magistrats de la cité. Le Languedoc conserva cette institution pendant plusieurs siècles. Construite en 1664 par les consuls Gasc et Dijous, devant le mur du château Vieux, la Maison consulaire a été le centre de la vie municipale jusqu'à la Révolution. Triste souvenir, son pilier d'angle servit longtemps de pilori. Actuellement le beau bâtiment de pierre accueille l'office de tourisme, en saison. Notez le caractère massif des piliers qui soutiennent les anciennes arches voûtées de la bâtisse.

VILLA ROQUETTE €€

146, rue de la République
✆ 06 66 30 45 21
http://villaroquette.com/
A partir de 60 € la nuit. 18 € table d'hôtes.

Bienvenue dans cette ravissante maison de maître du XIXe siècle, sise au cœur du Languedoc. Chambre d'hôte et appartement sont à votre disposition pour une nuit ou un séjour plus long. En totale indépendance, vous apprécierez le calme des chambres, le parking privé et sécurisé, la piscine et son agréable jardin ou encore le barbecue si quelques grillades vous tentent. Les propriétaires étant des passionnés de photographies, des ateliers d'initiation à la photo (technique, histoire) vous sont proposés. Un bel endroit et un accueil parfait pour découvrir la région.

BRASSERIE KISS'WING

16, Carrefour de l'Europe
✆ 04 67 32 16 75
www.kisswing.fr
Ouvert du lundi au vendredi. Dégustation et visite de la brasserie sur rendez-vous.

La brasserie Kiss'Wing est une brasserie artisanale implantée au cœur des vignobles languedociens, à Montblanc. Ici, une large gamme de bières bio est fabriquée artisanalement. Avec des origines outre-Atlantique, cette microbrasserie occitane brasse uniquement des matières premières issues de l'agriculture biologique : blanche, ambrée, Ipa, Blanche au rhum… il y a forcément la bière qui sied à votre palais. Et si ce n'est pas le cas, découvrez la toute dernière-née, l'Imperial Stout, la plus amère, la plus noire et la plus intense des bières de leur collection.

CHÂTEAU DE COUSSERGUES

✆ 04 67 00 80 00
www.chateaucoussergues.com
Ouvert du lundi au vendredi de 9h à 18h. Sur rendez-vous.

Le château de Coussergues est la propriété de la famille Sarret de Coussergues depuis 1495. L'ensemble du domaine comprend 600 ha dont 100 plantés en vignes, le reste des terres accueille oliveraie, bois et champs. Tournés vers l'avenir, les propriétaires ont décidé d'obtenir la certification haute valeur environnementale. Tous les vins sont en appellation IGP vins-de-pays-d'oc, et AOP coteaux-du-languedoc. Près de 600 oliviers de variété cailletier produisent chaque année entre 1 500 et 2 000 l d'une huile fruitée et ardente.

DOMAINE DES AMIEL

19, Plan Diderot
✆ 04 34 53 52 92
Ouvert toute l'année, sur rendez-vous.

Depuis 1490, les Amiel de Montblanc en Languedoc ont toujours eu un lien très spécial à la terre et particulièrement à la vigne. Attachée à leur terroir, la famille est toujours restée fidèle à sa terre. Aujourd'hui, les Amiel offrent un nouvel élan à l'histoire familiale en produisant leurs propres vins à travers 2 gammes, la gamme des Frères et la gamme Hommage. N'hésitez pas à goûter leur eau-de-vie de vin : après 5 ans d'élevage, c'est de l'or ambré en bouteille ! N'hésitez pas à leur rendre visite au domaine pour déguster leurs vins.

DOMAINE DES CHRYSOPES

rue du Petit Verdot
✆ 04 67 98 56 34
https://domainedeschrysopes.com/
Ouvert du mardi au samedi.

Le Domaine des Chrysopes, propose cinq cuvées en IGP PAYS D'OC BIO, provenant de cépages cultivés dans le respect de la nature et dans la dynamique du vivant. Le domaine, labellisé « Vignoble et Découvertes », porte également la certification HVE 3. Blanc, rosé, rouge, toutes les cuvées portent en elles la singularité du terroir sur lequel Bruno Bourret cultive ses vignes avec passion. Des vins à la fois amples et frais en bouche, avec de jolis tanins, concentrés en arômes, pour une délicate harmonie. A découvrir, la dernière cuvée rouge du domaine : Epigone.

DOMAINE VILLA SÉPIA

556, avenue de Béziers
✆ 04 67 11 95 36
https://lavillasepia.com/fr/bienvenue/
Visite et dégustation toute l'année sur réservation.

Des vins nature à venir découvrir auprès de Frédéric et Catherine Albert dans leur domaine lové au cœur des garrigues, sur 5 hectares de cépages anciens du Languedoc. Sans pesticide ni sulfite, leurs vins reflètent amplement ce territoire d'exception. Ces artisans vignerons cultivent et vendangent à la main dans la tradition et suivant un savoir-faire ancestral. Ne manquez pas de venir visiter le domaine : riche d'enseignement, vous serez plus à même d'appréhender la richesse de ces vins nature, exprimant totalement le terroir.

LES VIGNERONS DE MONTBLANC

447, avenue d'Agde
✆ 04 67 98 50 26
www.vigneronsdemontblanc.com
Ouvert du lundi au vendredi, 9h-12h/14h-17h.

Née de la fusion des vignerons de Montblanc et de Nézignan-l'Évêque avec la cave de Saint-Thibéry, la société des Vignerons de Montblanc est spécialisée dans le vrac. Experts en production de vins de cépages en IGP d'oc, les 300 coopérateurs cultivent quelque 1 500 ha de vignes au cœur de l'Hérault. Une multiplicité de saveurs qui témoignent de la richesse des sols et des terroirs. Merlot, sauvignon, syrah, chardonnay… les cépages sont à découvrir à la cave.

ORGANISER SON SÉJOUR

C'est décidé, vos prochaines vacances se passeront au soleil, sur le territoire de Béziers Méditerranée. Entre l'exceptionnel patrimoine biterrois et les traditions de cette agglomération dynamique, ses kilomètres de plage et de réserve naturelle, son incontournable Canal du Midi et la découverte de son vignoble et de ses crus classés, cette destination est des plus attirantes. Côté pratique, les transports et accès routiers sont suffisamment nombreux pour faciliter vos déplacements et votre séjour. D'ailleurs, pour vous renseigner sur la vie locale et ne rien rater des manifestations et des activités à pratiquer, rien de plus simple avec le réseau des offices de tourisme et les médias locaux. Restez connectés pour mieux appréhender les us et coutumes locales, et suivez le guide et nos bonnes adresses pour orchestrer votre séjour et faire de ces moments une escapade réussie sur ce territoire « farouchement accueillant » !

S'Y RENDRE

Au cœur de la région Occitanie, Béziers Méditerranée attire par ses richesses patrimoniales, culturelles et naturelles. Une attractivité touristique facilement accessible, que vous preniez le train ou l'avion, le bus ou la voiture. En provenance de Clermont-Ferrand, prenez gratuitement l'A75. En provenance de Clermont-Ferrand prenez gratuitement l'A75 jusqu'à Béziers, aboutissement de l'autoroute. Une bretelle vous permet de rejoindre l'autoroute A9, à la gare de péage de Béziers-Cabrials (n°64), et de prendre la direction de Montpellier/Lyon/Marseille ou Narbonne/Barcelone. Plus à l'ouest, sur l'A9 toujours, la sortie n°36 est celle de Béziers Ouest. Pensez au covoiturage ! Mêlant écologie et économie, c'est une façon plus conviviale de voyager. Pour une escapade occitane, rejoignez Béziers Méditerranée, le Canal du Midi et les plages de Valras avec le TGV, le réseau de TER et de bus qui vous conduiront dans toute la région. Enfin, sachez que Béziers est reliée à l'Europe avec 7 lignes en provenance et à destination de l'aéroport de Béziers-Cap d'Agde.

AÉROPORT BÉZIERS-CAP D'AGDE

PORTIRAGNES

✆ 04 67 80 99 09

www.beziers.aeroport.fr

Parking courte durée, parking longue durée (15 minutes gratuites).

L'Aéroport de Béziers Cap d'Agde Hérault Occitanie est situé à 5 minutes de Béziers, 15 minutes du Cap d'Agde et 30 minutes de Sète. Spécialiste du voyage low-cost, il relie les capitales européennes d'Europe du Nord à la Méditerranée. Aéroport à taille humaine et à proximité directe des avions, il offre des conditions d'accès rapides, au départ comme à l'arrivée. Principal opérateur, la compagnie Ryanair assure des liaisons notamment avec Paris (Beauvais), Londres (Luton), Bruxelles (Namur), Edimbourg et Düsseldorf.

GARE SNCF DE BÉZIERS

14, boulevard de Verdun

✆ 36 35

www.sncf.com/fr/gares/beziers

Ouvert du lundi au vendredi de 4h à 0h ; le week-end de 5h à 0h ; les jours fériés de 5h à 0h.

La gare permet de rejoindre le centre-ville en quelques minutes et d'atteindre une multitude de destinations en quelques heures. TGV, TER, Corail et Intercités, les transporteurs ferroviaires sont variés. Leur présence est renforcée par un impressionnant réseau de bus et de cars. La gare est fréquentée par la majorité des trains situés sur l'arc languedocien : les TGV à destination de Perpignan, Toulouse ou Barcelone, les trains Intercités reliant Bordeaux à Marseille, ainsi que Béziers à Clermont-Ferrand et les nombreux TER Occitanie.

HÉRAULT TRANSPORT

✆ 04 34 88 89 99

www.herault-transport.fr

Le réseau Hérault Transport représente un total de 64 lignes de bus régulières. Chaque année, des milliers d'usagers empruntent la route via cette compagnie aux destinations variées : navettes de l'aéroport de Montpellier et de Béziers, bus à destination d'Agde, Béziers (lignes 603-604), Bédarieux, Pézenas (ligne 656). Renseignements par téléphone, directement dans les plateformes de vente de l'entreprise. Les informations sur les différentes lignes et les horaires sont également disponibles dans les gares routières, les offices de tourisme et les mairies.

TRAINLINE

Trainline est une plateforme de vente en ligne de billets de train et de billet de bus en Europe. Via le site internet ou directement via l'application téléchargeable sur mobile, trouvez des trajets dans plus de 45 pays à petits prix. Trainline vous permet de comparer et de réserver vos billets pour voyager notamment avec SNCF, OUIGO, Eurostar et plus de 200 autres transporteurs européens. Notez que les cartes de réduction et abonnements SNCF sont acceptés. Réservez vos trajets facilement pour venir jusqu'à Béziers ! Un vrai bon plan.

SE DÉPLACER

Si votre arrivée dans l'agglomération Béziers Méditerranée se fait en train ou par avion, vous trouverez facilement à louer sur place, un véhicule auprès de prestataires nationalement connus. Voiture, mais aussi mobylette ou vélo (la destination étant labellisée Accueil Vélo), tous les moyens s'offrent à vous pour découvrir les richesses du territoire et profiter pleinement des infrastructures mis à votre disposition. Si au contraire vous souhaitez privilégier les transports en commun par souci écologique, ou bien vous accorder les services d'un taxi pour éviter le stress de la conduite et du stationnement, vous pourrez compter sur un vaste réseau de transports au sein de l'agglomération Béziers Méditerranée. Transport public, réseau de taxis sans oublier les navettes assurant les liaisons au départ ou à destination de l'aéroport de Béziers - Cap d'Agde, vous aurez l'embarras du choix pour vous déplacer.

BEEMOB

66, boulevard Frédéric Mistral
✆ 08 00 80 80 80
https://beemob.fr/fr/
Ticket unitaire 1 €, 3 € le ticket pour la journée.

BeeMob ce sont les transports urbains de l'agglomération Béziers Méditerranée. 20 lignes régulières desservant 17 communes au quotidien. A cela s'ajoutent 6 circuits scolaires et une ligne de transport à la demande. Cette dernière est disponible sur réservation, du lundi au vendredi. L'application mobile beeMob/Mybus facilite vos achats et vous permet de suivre vos trajets et connaitre les horaires en temps réel. Le ticket à l'unité offre un gratuité pendant une heure avec aller/retour après validation. A noter la gratuité pour les enfants de moins de 6 ans.

TAXIS RADIO

29, allée des Cormorans
✆ 04 67 35 00 85
www.taxisbeziers.fr
25 véhicules, véhicule 8 places sur réservation. 24h/24h. Toute l'année.

La société Radio Taxis de Béziers et ses 25 véhicules climatisés se tiennent à votre disposition 24h/24, 365 jours par an. Sur réservation, ces professionnels, artisans taxi, vous attendent à la gare de Béziers, à l'aéroport Béziers Cap d'Agde, chez vous ou sur votre lieu de travail, pour un transport rapide, efficace et personnalisé. Principaux points de stationnement à Béziers : gare SNCF, Théâtre, Place de Gaulle, Station de taxis Perréal. Gagnez du temps en commandant votre taxi sur leur site internet ou directement via l'application !

NAVETTE AÉROPORT BÉZIERS-CAP D'AGDE

PORTIRAGNES
✆ 04 34 88 89 99
www.herault-transport.fr
1,60 € le ticket.

L'Aéroport de Béziers-Cap d'Agde Hérault Occitanie et Hérault Transport se sont associés pour mettre en place un système de navette efficace et régulier entre l'aéroport et le littoral. Ce service de navettes est proposé au départ et à l'arrivée de chaque vol vers/depuis Vias, Agde Gare SNCF, Marseillan, Gare routière et Béziers Gare routière/Gare SNCF. Le départ se fait 30 minutes après l'arrivée de chaque vol, et l'arrivée s'effectue 1h30 avant le départ de chaque vol.

LOUE 1 VÉLO

582, avenue de Méditerannée
VIAS
A partir de 12 € la journée.

Si vous souhaitez vous balader à votre rythme en longeant les berges du Canal du Midi, flâner sur les marchés, dénicher un endroit insolite ou goûter au plaisir simple d'une promenade en bord de mer, alors allez louer vos vélos chez Loue 1 Vélo. Ici, un grand choix de vélos vous attend : du sympathique VTT pour les enfants à partir de 4 ans au vélo de ville ultra confortable, en passant par les VTT pour les adultes et les ados ou les VTC « spécial Canal du Midi » très maniables et avec pneus anti-crevaison pour de longues balades sur tous les terrains.

RELAX BIKE RENTALS

170, allée Paul Riquet
✆ 06 38 12 32 82
www.relaxbiketours.com

Location à partir de 40 €. Consigne à bagages gratuite. Offres de circuits à vélos.

Situé près du Plateau des Poètes, Relax Bike Rentals est à peine à 400 mètres de la gare, facilitant votre accès à la location ! Experts des vacances à vélo, vous pourrez louer ici vos vélos en toute confiance : à la journée (minimum 2 jours), ou à la semaine, les locations de VTT, VTC ou VAE comprennent des casques, des sacoches et des cartes pour vous balader en toute indépendance. Leur emplacement à 800 mètres du Canal du Midi est une invitation aux jolies promenades. Sachez qu'ils assurent aussi la livraison et le ramassage de vélos de Toulouse à Sète.

© JEAN-PIERRE DEGAS

Cyclistes près du canal du Midi.

GIANT STORE

360, rue Raoul Bayou
✆ 04 11 89 00 57
www.giant-beziers.fr

Ouvert du lundi au samedi, 9h30-12h/14h-19h.

Giant Store Béziers est un espace 100 % dédié à l'univers Giant et LIV. Outre une large gamme de vélos disponibles à l'achat (vélo enfant, vélo femme, vélo homme, vélo électrique, vélos de courses, pour les loisirs ou les professionnels), le magasin dispose de plusieurs espaces consacrés notamment à la location de vélos, à la réparation et à l'entretien de vélos multi-marque. Profitez de votre passage en boutique pour compléter votre équipement par des accessoires et des tenues appropriées. Le personnel saura vous aiguiller dans vos achats ou dans la location.

VELO LOVE

140, boulevard Jean-Moulin - **VALRAS-PLAGE**
✆ 04 67 37 34 79
www.velo-love.com

13 € la demi-journée/ 19 € la journée/ 44 € la semaine pour un VTT ou vélo de ville. Location de rosalies.

Installé depuis des lustres dans la station balnéaire, Vélo Love loue des Rosalies (de 2 à 15 places), et des cycles, l'occasion idéale pour faire une petite balade le long du boulevard du Front-de-Mer. Les vélos individuels, pour adultes et enfants, mais aussi des tandems peuvent se louer à la demi-journée, à la journée, et même jusqu'à deux semaines. Des itinéraires cyclotouristiques sont à votre disposition, et un large choix d'accessoires apportent plus de confort à votre location (remorque, siège bébé, panier...). La réservation est vivement conseillée.

TROTT AND BIKE'S

2, place Gabriel Peri
✆ 09 82 22 09 62
www.trottandbikes.com

Ouvert toute l'année. Service de location. Tarifs complets sur demande.

Edwige et Patrice sont les spécialistes de l'électrique à Béziers. Au cœur de la ville, Trott and Bike's propose des cycles à la location pour partir à la découverte de Béziers et de ses environs. Les familles avec enfants trouveront ici leur bonheur : Edwige et Patrice disposent de tous les équipements adéquats pour petits et grands avec des trottinettes, des vélos, et aussi des quads ! En cas de pépin avec vos montures, vous pourrez faire réparer vos deux-roues, Trott and Bike's assurant le service après vente avec de nombreuses pièces détachées.

PAULETTE

83, avenue du président Wilson
✆ 05 82 28 05 10
https://paulette.bike/fr

Ouvert de mi-février à fin décembre. A partir de 7,50 € la demi-journée. Réservation obligatoire.

Paulette possède différentes agences tout au long du canal du Midi : vous pouvez alors réserver vos vélos depuis Toulouse, Castelnaudary, Narbonne, Béziers, Agde ou Sète. Selon vos envies de balades, vous pourrez en toute liberté rendre vos vélos dans la même agence de départ ou choisir une autre agence sur votre itinéraire. En famille, en couple ou en solo, choisissez votre vélo (VTC, VTT, VTC électrique, VTT électrique, VTT enfant, Tandem) et sillonnez sur les voies vertes d'Occitanie pour découvrir ses richesses. La réservation se fait en ligne.

S'INFORMER

S'offrir une parenthèse en terres biterroises, c'est s'échapper d'un quotidien pour partir à la découverte d'ambiances différentes, mais ça ne veut pas dire se couper de tout pour autant. Restez donc reliés à l'actualité en vous connectant aux divers supports d'informations qu'offrent la région. Radios, webTV, presse écrite, ces médias sont adaptés aux goûts de chacun et permettent de créer un lien avec le territoire que vous vous apprêtez à découvrir. Les médias locaux vous livreront des informations sur les événements programmés, les traditions locales, les fêtes de village, les épreuves sportives. Une façon ludique de s'initier à la culture locale, et de recueillir de bonnes adresses. Pour compléter ces informations, n'hésitez pas à vous rendre dans l'un des quatre lieux d'informations touristiques de l'Office de Tourisme Béziers Méditerranée. Des professionnels de l'évasion et des bons plans vous guideront avec plaisir !

BUREAU D'INFORMATION TOURISTIQUE VALRAS-PLAGE

Boulevard Gambetta
VALRAS-PLAGE
✆ 04 99 41 36 36
Fermé le lundi hors saison. Accueil Vélo et Tourisme & Handicap.

Que faire à Valras-Plage ? Des châteaux de sable oui d'accord, mais pas que ! Rendez-vous au bureau d'informations touristiques où les dynamiques Zoé, Patricia et Karen, les moussaillons de Valras, vous feront découvrir les nombreuses activités à faire sur les plages et dans la campagne environnante : au programme, activités nautiques, randonnées pédestres, visites de musées, immersion à vélo dans les domaines viticoles… Bref vous aurez l'embarras du choix !

BUREAU D'INFORMATION TOURISTIQUE BÉZIERS CENTRE HISTORIQUE

2, place du Forum
✆ 04 99 41 36 36
www.beziers-mediterranee.com
Ouvert toute l'année. Horaires complets en ligne. Label Tourisme & Handicap. Label Accueil Vélo.

Pour parfaire votre séjour à Béziers, Perle, Déborah et Eric vous accueillent ici tout au long de l'année et vous donnent les informations dont vous aurez besoin pour agrémenter votre week-end dans la cité biterroise ou vos vacances dans les villes environnantes. A disposition, des brochures pour trouver les meilleurs hébergements et les meilleures tables de la région, mais aussi des bons plans sorties et des idées de balades, qu'elles soient culturelles ou sportives.

LA GABARE

Boulevard Pasteur
VILLENEUVE-LÈS-BÉZIERS
✆ 04 99 41 36 36
Ouvert en saison. Accueil Vélo et Tourisme & Handicap.

Quoi de plus insolite qu'un office de tourisme flottant ? C'est ce que vous rencontrerez en venant à Villeneuve-lès-Béziers ! En famille, en couple ou entre amis, embarquez avec Karine sur la gabare *Pescaluna* : sur le Canal du Midi, vous trouverez ici toutes les informations pour que votre séjour soit unique ! A disposition, de la documentation sur les circuits vélo, les loisirs, les hébergements, les animations et les bonnes tables du coin. Karine est à votre écoute et saura vous orienter en fonction de vos envies de découverte.

GRAND SUD FM

✆ 04 68 65 03 61
www.grandsudfm.com
Radio généraliste. Informations locales, régionales et nationales. Musique. Jeux.

Avec ses 4 fréquences, Grand Sud FM couvre aujourd'hui la partie la plus méridionale du Languedoc-Roussillon, entre Béziers et Perpignan. La fréquence 96.1 dessert la plaine du Roussillon, et Grand Sud FM, avec un programme musical adulte de tubes des années 70, 80, 90 et 2000 a renforcé sa politique rédactionnelle pour satisfaire aussi les auditeurs catalans avec notamment les matchs de l'USAP et des Dragons Catalans en direct. On peut accéder en direct et en replay aux émissions sur le site Internet en cliquant sur « écoutez » ou télécharger les *Podcasts*.

MAISON DE SITE DES 9 ÉCLUSES

Rue du Canal Royal
✆ 04 99 41 36 36
www.beziers-mediterranee.com
Ouvert toute l'année, horaires variables en fonction des saisons. Label Accueil Vélo et Tourisme & Handicap.

« Le Coche d'eau », ancienne auberge sur le parcours du Canal du Midi, accueille désormais la Maison du Site. Sur ce lieu prestigieux des 9 écluses de Fonseranes se tient l'Office de Tourisme des 9 écluses. Une équipe dynamique vous y accueille tout au long de l'année et vous guide dans les diverses visites et activités à faire sur place et sur l'ensemble du territoire Béziers Méditerranée. La Maison du Site abrite aussi le cinéma immersif retraçant l'histoire du Canal du Midi.

MAISON DE SITE DES ORPELLIÈRES

Chemin Mer et Soleil
SÉRIGNAN
✆ 04 99 41 36 36
Ouvert de mars à novembre. Accueil Vélo et Tourisme & Handicap.

Lieu d'information touristique et pédagogique, la Maison de site est nichée au cœur du Domaine des Orpellières, à l'embouchure de l'Orb. Nouvellement ouvert à l'été 2021, le lieu est propice à la découverte de la biodiversité du site, à l'observation de la beauté des paysages, et pour mieux appréhender les multiples facettes du site et les enjeux environnementaux du territoire. Sur place, Karen vous accueille pour vous parler des animations et des ateliers proposés sur le site.

MIDI LIBRE BÉZIERS

5, carrefour de l'Hours
✆ 04 67 09 16 78
www.midilibre.fr/herault/beziers
1,30 €.

Journal quotidien, Midi Libre Béziers c'est toute l'actualité de Béziers, deuxième ville du département de l'Hérault, en Occitanie. Retrouvez toutes les informations locales, économiques, politiques, sportives, culturelles, ainsi que les faits divers qui émaillent la cité et sa région. Si la version papier se trouve quotidiennement dans tous les kiosques de la cité biterroise, la version numérique est quant à elle disponible dès 6h via l'application. Ne manquez rien des événements et tenez-vous informés au plus près de l'actualité.

JOURNAL DU BITERROIS

https://lagglo.fr
Gratuit.

Ce magazine bi-mensuel gratuit rend compte de l'actualité dans l'agglomération biterroise. Imprimé à 90 000 exemplaires, il est distribué dans les boites aux lettres de Béziers Méditerranée, et il est également disponible dans les édifices publics. Des dossiers récurrents avec l'agenda des sorties, des zoom culturels et touristiques, les dossiers de l'agglo, le tout agrémenté de bonnes adresses et de superbes clichés qui invitent à découvrir le territoire de Béziers Méditerranée. Un rendez-vous écrit que les Biterrois ne sauraient manquer !

MA WEBTV BÉZIERS

32, rue Paul Riquet
✆ 07 67 70 27 14
www.mawebtvbeziers.fr/

Télévision du grand biterrois, de son littoral, de la Domitienne et des Hauts de Cantons, Ma Webtv Béziers est le multi-médias 100% biterrois. 24h/24, soyez au fait de toute l'actualité de l'agglo héraultaise et de ses territoires proches. A vivre en direct sur leur page facebook, ou via le site internet, les bons plans, l'actualité sportive, les rendez-vous culturels à ne pas manquer, la vie des associations ou encore l'agenda de la semaine. Vous trouverez forcément un sujet qui vous intéressera parmi les informations locales !

VIÀOCCITANIE.TV

MONTPELLIER
www.viaoccitanie.tv
BOX/FAI : canal 30. TNT : Montpellier et Toulouse : canal 31. Pays gardois et catalan : canal 33.

ViàOccitanie est une chaîne de télévision locale dédiée à la région Occitanie. Toute l'année, le support vous permet de suivre l'actualité politique, judiciaire, culturelle, sportive et économique, de votre région. Côté information : le journal télévisé est réactualisé toutes les 30 minutes, un flash info apparaît tous les quarts d'heure et le rappel des titres défile sur un bandeau déroulant en bas d'écran. Quarante journalistes couvrent le territoire de Mende à Toulouse et de Foix à Uzès. Suivez également ViàOccitanie sur les réseaux sociaux.

POINT I-MOBILE

3, place Jacques Villeneuve

Accès libre tous les jours, toutes l'année, de 9h à 17h.

Situé dans l'agence postale de Bassan, ce point I-Mobile est le premier ouvert dans l'agglomération Béziers Méditerranée. Installé Côté Vigne, ce lieu d'accueil vous donne la possibilité de vous installer confortablement, de recharger votre téléphone ou votre tablette, et de bénéficier gratuitement d'un accès wifi (7j/7 et 24h/24). Aux couleurs vitaminées, cet espace dispose également de toutes les brochures éditées par l'Office de Tourisme Béziers Méditerranée. Une manière pour ce dernier d'être présent sur l'ensemble du territoire.

FRANCE 3 OCCITANIE

05 62 23 97 97

La chaîne France 3 est depuis longtemps un acteur essentiel de l'information locale grâce à ses nombreux décrochements régionaux, et la région Occitanie ne fait pas exception. Émis depuis l'antenne toulousaine, le format Occitanie reprend les émissions nationales les plus connues et développe en parallèle des programmes entièrement dédiés à la région. C'est notamment le cas des deux journaux quotidiens d'informations locales et d'émissions plus spécialisées telles que Cap Sud-Ouest, Carnets de Vol, Viure al Païs (en occitan) ou encore Rugby Magazine.

RÀDIO LENGA D'ÒC

04 67 58 30 47

Cette radio associative a fait le choix de la couleur occitane depuis sa création il y a une vingtaine d'années. En effet, la station diffuse « del diluns al dimenge » des programmes en langue occitane (aussi appelée langue d'oc) et propose ainsi à ses auditeurs une grille unique et insolite. Dès le petit matin, les animateurs éveillent leur public avec des émissions riches et un accent des plus poétique. Tout au long de la journée, les sons emblématiques de la langue d'oc viennent embellir des chroniques, reportages et émissions thématiques axés sur le local.

HÉRAULT-TRIBUNE.COM

06 14 31 64 73

Abonnement : édition papier livrée chez vous chaque semaine + édition numérique, 48 €/an.

Depuis sa création en 1973, ce journal communique des informations riches et complètes à propos des territoires des pays agathois, piscénois et biterrois. Durant les vingt dernières années, il a pris un tournant résolument numérique, permettant la transmission d'informations au plus grand nombre. En moyenne, une trentaine d'articles consacrés à l'actualité locale est publiée quotidiennement. Ces contenus sont consultables sur le site internet du média, sur ses réseaux sociaux et depuis son application mobile. La newsletter permet de rester au fait de l'actualité.

SORTIR EN BITERROIS

Comme son nom l'indique parfaitement bien, le magazine est un bimensuel local consacré aux sorties dans le Biterrois. Diffusé gratuitement auprès des commerçants, restaurateurs, administrations, etc, *Sortir en Biterrois* met en lumière toute l'actualité des sorties et des loisirs de Béziers et de ses alentours. Riche de divers reportages, d'un agenda culturel, des sorties cinéma à ne pas louper, des actualités littéraires, des bonnes tables..., le magazine apporte un éclairage nouveau sur tous les événements, divertissements et nouveautés de cette région.

OCCITANIE-TRIBUNE.COM

Site web d'information. Accès gratuit.

Ce support numérique est celui de l'information régionale. Comme ses sœurs, la plateforme communique sur les grands événements et les nouveautés de son secteur, touchant à la fois aux domaines de l'économie, de la politique, du sport, de la culture, du tourisme, etc. Son territoire est vaste, il regroupe l'Ariège (09), l'Aude (11), l'Aveyron (12), le Gard (30), le Gers (32), la Haute-Garonne (31), les Hautes-Pyrénées (65), l'Hérault (34), le Lot (46), la Lozère (48), les Pyrénées-Orientales (66), le Tarn (81) et le Tarn-et-Garonne (82).

Place Jean Jaurès en été.

INDEX